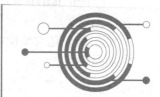

数字经济时代
商业模式的转型与发展

任媛媛 著

哈尔滨出版社
HARBIN PUBLISHING HOUSE

图书在版编目（CIP）数据

数字经济时代商业模式的转型与发展 / 任媛媛著.

哈尔滨：哈尔滨出版社，2025. 3. -- ISBN 978-7-5484-

8454-7

Ⅰ. F71

中国国家版本馆 CIP 数据核字第 2025Y67C49 号

书　　名：**数字经济时代商业模式的转型与发展**

SHUZI JINGJI SHIDAI SHANGYE MOSHI DE ZHUANXING YU FAZHAN

作　　者：任媛媛　著

责任编辑：李金秋

出版发行：哈尔滨出版社（Harbin Publishing House）

社　　址：哈尔滨市香坊区泰山路 82-9 号　邮编：150090

经　　销：全国新华书店

印　　刷：北京鑫益晖印刷有限公司

网　　址：www.hrbcbs.com

E - mail：hrbcbs@ yeah. net

编辑版权热线：（0451）87900271　87900272

销售热线：（0451）87900202　87900203

开　　本：787mm×1092mm　1/16　印张：13.5　字数：220 千字

版　　次：2025 年 3 月第 1 版

印　　次：2025 年 3 月第 1 次印刷

书　　号：ISBN 978-7-5484-8454-7

定　　价：58.00 元

凡购本社图书发现印装错误,请与本社印制部联系调换。

服务热线：（0451）87900279

前　言

在数字经济时代下,商业模式的转型与发展已成为企业发展的必然选择,尤其是随着信息技术的飞速进步以及互联网应用的广泛普及,传统的商业模式正面临着前所未有的变革。数字化、网络化、智能化等新技术的不断涌现,不仅改变了消费者的消费习惯和需求,也重塑了市场的竞争格局和规则。企业若想在激烈的市场竞争中立于不败之地,就必须紧跟时代步伐,积极探索和实践新的商业模式。在这个过程中,企业需要深刻理解数字经济的本质和特征,把握其带来的机遇和挑战。数字经济强调数据、信息和知识的价值,要求企业以数据为驱动,通过数字化手段提升运营效率和决策能力。同时,数字经济也促进了产业融合和创新,为企业提供了多元化的发展路径和可能性。因此,企业必须主动拥抱数字经济,积极推进商业模式的转型与发展,这包括利用新技术提升产品和服务的质量与效率,拓展新的市场和渠道,构建更加开放、协同、共赢的生态系统。而且,企业还需要加强组织创新和人才培养,打造适应数字经济时代的企业文化和管理模式,为商业模式的转型与发展提供有力保障。

本书共分为十个章节,从数字经济时代出发,全面探讨了商业模式在新时代的转型与发展。第一章至第三章,主要阐述了数字经济的定义、特征及其对全球经济格局的影响,分析了商业模式的基本概念、演变历程以及数字经济对商业模式的影响,同时深入探讨了数字化时代消费者行为的变化。第四章至第五章,聚焦于数字经济下的产品与服务创新,以及营销与传播策略的革新,包括数字化产品的分类、服务智能化转型、精准营销实践等内容。第六章至第八章,则围绕数字经济时代的供应链管理与优化、支付与金融模式创新,以及组织结构与管理变革展开研究,提出了供应链协同与智能化提升路径、金融科技融合策略等。第九章至第十章,构建了商业模式评估体系,并提出了持续改进策略,包括评估指标体系的构建、量化评估方法,以及基于评估结果的改进方向和实施步骤。本书适用于企业管理者、创业者及数字经济领域研究者。

目　　录

第一章　数字经济时代概述

第一节　数字经济的定义与特征

一、数字经济时代的概念

(一)数字经济时代开启市场机遇与转型发展新篇章

数字经济时代,无疑是一个充满智慧与变革的时代。在这个时代里,数字化的知识与信息成为关键的生产要素,它们如同新时代的石油,驱动着经济的车轮滚滚向前。对于企业而言,这是一个市场机遇重新分配、充满无限可能的时代。在这个时代,传统行业的边界被打破,新兴的商业模式如雨后春笋般涌现,为企业带来了前所未有的发展机遇。数字经济不仅改变了市场的竞争格局,更在深层次上重塑了整个商业的业态。以数字化技术为核心驱动力,企业可以更加精准地把握市场需求,优化产品与服务,提升运营效率。同时,智能化驱动的内在推动力,使得企业能够在激烈的市场竞争中保持创新活力,不断开拓新的业务领域。

(二)数字经济对企业管理的深远影响

数字经济时代的到来,对企业管理提出了更高的要求。管理者们不仅要看到数字经济背后的巨大商机,更要深刻认识到它对企业带来的深远影响。数字经济不仅改变了企业的运营模式,更在深层次上影响了企业的战略决策、组织架构和人才管理。在数字经济时代,企业需要更加注重数据的收集、分析和应用。数据成为企业决策的重要依据,通过大数据分析,企业可以更加准确地预测市场趋势,制定科学的战略规划。同时,数字化技术的应用也使得企业的组织架构更加扁平化、灵活化,提高了企业的运营效率和市场响应速度。

二、数字经济的基本特征

数字经济受到三大定律的支配。第一个定律是梅特卡夫法则:网络的价值等于其节点数的平方。所以,网络上联网的计算机越多,每台计算机的价值就越大,"增值"以指数关系不断变大。第二个定律是摩尔定律:计算机芯片的处理能力每 18 个月就翻一番。第三个定律是达维多定律:进入市场的第一代产品能够自动获得 50% 的市场份额,所以任何企业在本产业中必须第一个淘汰自己的产品。实际上,达维多定律体现的是网络经济中的马太效应。这三大定律决定了数字经济具有数字化、网络化、智能化、商业化、共享化五个基本特征,如图 1-1 所示。

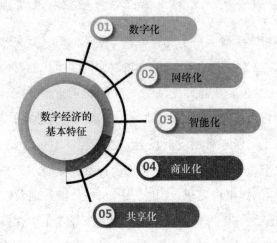

图 1-1　数字经济的基本特征

(一)数字化

数字化即以二进制的形式来表示和处理信息,将包括文字、图片、视频、声音等在内的诸多信息转化为计算机能够读取、处理和传输的二进制代码。20世纪中叶,计算机的发明标志着数字化的起步,这一时期主要的商业模式是芯片生产和制造、计算机生产和制造、操作系统开发和相关软件开发等,代表公司为 IBM、微软、英特尔。虽然如今大部分信息都能以数字化的形式表示,但数字化的进程远未结束,还有大量信息和设备游离在数字系统之外。在共享时代,为促进数字经济发展,必须通过延伸共享经济领域、推动传统产业向数字化转型,从而利用数字技术能推动共享经济与数字经济的深度融合创新。鼓励共享经济深度发展,拓宽应用领域,为与数字经济融合提供条件。伴随信息技术尤其是"互联网+"的发展,共享经济模式成为创业首要选择,从餐饮住宿、金融借贷、交通出行、医疗保健到房屋租赁、科研实验、创意设计等,在更多领域与数字经济开展融合可以促进共享经济和数字经济的双向发展。

(二)网络化

网络化即通过网络通信技术实现人与人、人与物、物与物之间的实时连接。21世纪60年代末,阿帕网的诞生标志着网络化的萌芽。20世纪90年代以后,互联网的全球普及为数字经济发展构筑了至关重要的基础设施。全球网络空间治理体系要想实现深度变革,离不开数字经济。换句话说,准确的定位和聚焦于数字经济,就回答了推进全球网络空间治理体系变革是为了什么的问题,即以数字经济为驱动力,推动网络空间开放、合作、交流、共享,让互联网更好地助力经济发展、社会进步、生活改善,做到发展共同推进、安全共同维护、治理共同参与、成果共同分享。

(三)智能化

近年来,人工智能研究在多个领域实现突破,数字经济进入以智能化为核心的发展阶段。目前,其商业模式还主要集中在单一的弱人工智能应用上,包括语音识别、自动驾驶、机器人写稿、图像识别、医疗辅助等诸多领域,代表性公司有谷歌、百度、科大讯飞、阿里巴巴、苹果、NVIDIA等。未来,智能化技术发展将对数字经济发展产生质变效应,推动人类生产生活方式的新变革。利用共享时代的优势,加快传统企业的数字化转型,将是未来所有企业的核心战略。在共享时代,应利用个人、企业、政府甚至社会的闲置资源,依靠互联网、大数据、云计算等数字技术,推动传统企业向数字化转型发展。传统企业依靠"互联网+企业"的模式,应用数据化思维,建立连接内外资源、协作共享的机制,通过建立数字化的协同平台以及资源、财务、法务共享平台,实现互联互通,做到精细化管理,最终实现传统企业的智能化发展。

(四)商业化

数字经济将会对众多产业造成颠覆性影响。传统商业模式已不能满足需要,因此未来必须重新构建商业模式。在共享时代,数字资源的"共享价值"超过了"交换价值"、社会资本将会与金融资本处在同等重要的位置、合作共赢将会超越竞争、商品使用权将会超越所有权、可持续性替代消费主义,这一系列变化推动新的商业模式的出现。数字经济未来将会以大数据、云计算、互联网以及人工智能为线索,在传统商业模式基础上进行重新设计,构筑依靠数字产品横向延伸价值链和依靠数字技术纵向衍生产业链的基本商业模式,以及依靠数字技术来驱动的跨行业跨区域商业模式。

(五)共享化

数字经济的一大发展方向应当是不断拓展数字信息资源,发展关于数字技术的集成、存储、分析以及交易业务,在共享时代下释放数字技术资源的新价值。共享时代需要数字技术与产业融合发展,以便创造出更多的商业发展模式。

数字技术与产业融合成为数字经济的重要发展方向,通过产业融合,实现产业数字化、智能化,产业的边界逐渐模糊,最终形成产业开放化发展以及产业向价值网络的转型升级。

共享时代要求数字经济发展具有强大的服务功能,由此才能带动对共享商业模式的更多需求。融合服务业与数字技术发展的服务型数字产业是共享时代数字经济发展的重要方向,也体现出数字经济在共享时代的应用性,以数字技术为基础的数字金融、智能支付、智慧物流、智慧健康、电子商务、数字信息服务等服务型产业将在共享时代迅猛发展。

第二节　数字经济对全球经济格局的影响

一、全球各国布局数字经济战略

(一)全球数字经济战略布局

在全球经济一体化加速推进的今天,数字经济已成为各国竞相布局的战略高地。美国作为最早布局数字经济的国家,凭借技术的领先优势,不断巩固在数字经济领域的全球主导地位。美国通过聚焦高端前沿技术的开发应用,如人工智能、量子科学等,出台了一系列政策文件,推动数字经济健康发展。同时,美国还致力于普及数字经济理念,全面升级国家创新战略,构建创新网络系统,为数字经济的持续增长提供了强大动力。欧盟在数字经济领域也不甘落后,通过制定一系列战略规划,如数据价值链战略计划、欧洲工业数字化战略、欧盟人工智能战略等,推动数字经济与实体经济的深度融合。欧盟强调数据的重要性,致力于打造数据驱动的数字经济生态系统。此外,欧盟还发布了《2030数字化指南:实现数字十年的欧洲路径》,明确了到2030年实现数字化转型的愿景、目标和途径,展现了欧盟在数字经济领域的雄心壮志。

(二)亚洲国家数字经济战略亮点

亚洲国家在数字经济领域也展现出了强劲的发展势头。中国自2015年将大数据上升为国家战略以来,数字经济取得了长足发展。通过出台一系列促进数字经济行业发展的政策,中国数字经济规模已跃居世界第二。同时,中国还积极推动产业数字化转型,工业、农业、服务业等领域数字化转型稳步推进,新业态新模式竞相发展。日本在数字经济领域也取得了显著成就。自2013年开始,日本每年制定科学技术创新综合战略,从智能化、系统化、全球化视角推动科技创新和数字经济发展。日本注重人工智能、物联网等前沿技术的研发和应用,致力于打造智能社会。此外,日本还积极推动数据共享与保护,加强国际合作,推动数字经济在全球范围内的健康发展。

（三）各国数字经济战略的共同点

尽管各国在数字经济领域的战略布局各有侧重，但也有一些共同点。一方面，各国都高度重视数字经济的战略地位，将其视为推动经济发展的重要引擎。另一方面，各国都注重数字基础设施的建设，为数字经济的蓬勃发展提供坚实基础。此外，各国还积极推动产业数字化转型，促进数字经济与实体经济的深度融合。在数据要素、技术产业、融合发展等方面，各国也都在积极探索和实践，努力打造具有全球竞争力的数字经济生态系统。

二、全球数字经济规模不断扩大

（一）数字经济时代的全球浪潮

新时代背景下，随着信息技术的飞速发展和互联网的普及，数字经济的触角正延伸至世界的每一个角落。全球数字经济规模持续扩大，不仅改变了传统经济的运行模式，更催生了一系列新兴产业和商业模式。从电子商务的蓬勃兴起到云计算、大数据的广泛应用，再到人工智能、区块链等前沿技术的不断探索，数字经济正以前所未有的速度重塑着全球经济版图。企业纷纷加快数字化转型步伐，通过数字化手段提升运营效率、优化客户体验、拓展市场空间。消费者也享受到数字经济带来的便捷与高效，线上购物、移动支付、在线教育等数字化服务已成为日常生活的一部分。在这场全球性的数字经济浪潮中，各国纷纷抓住机遇，加强合作，共同推动数字经济向更高水平发展，为全球经济增长注入新的活力。

（二）数字经济驱动产业变革与创新

数字经济不仅改变了经济的运行方式，更深刻地影响着产业结构的调整和优化。在传统产业中，数字化技术的应用正推动生产方式的智能化、网络化转型，提高生产效率和产品质量。同时，数字经济还催生了大量新兴产业，如数字内容创作、数字服务贸易、平台经济等，这些新兴产业以其独特的商业模式和创新活力，成为经济增长的新动力。在数字经济时代，创新成为推动产业发展的核心要素,企业纷纷加大研发投入,利用数字技术开展产品创新、服务创新和模式创新。此外,数字经济还促进了产业间的融合与协同发展,形成了跨界融合的新生态。这种融合不仅拓展了产业的发展空间,还为消费者提供了更加多元化、个性化的产品和服务。

三、全球数字经济增长动力强劲

(一)数字经济时代全球增长的新引擎

在数字经济时代背景下,全球数字经济增长动力展现出前所未有的强劲态势。随着信息技术的飞速发展和普及,数字经济已成为推动全球经济增长的重要力量。数字化技术的广泛应用,不仅改变了传统行业的生产方式和商业模式,还催生了大量新兴业态和创新服务。这些新兴业态和服务以其高效、便捷、智能的特点,迅速赢得了市场的广泛认可,为数字经济的快速增长提供了强大动力。而数字经济的快速增长,得益于其对传统产业的深度融合和改造。通过数字化技术的应用,传统产业实现了生产过程的智能化、自动化和高效化,大大提高了生产效率和产品质量。同时,数字经济还推动了产业链的延伸和拓展,使得传统产业与新兴产业之间形成了更加紧密的联系和互动,进一步促进了数字经济的蓬勃发展。

(二)数字技术创新是驱动全球经济增长的关键

随着人工智能、大数据、云计算等前沿技术的不断突破和应用,数字经济正以前所未有的速度改变着人们的生活和工作方式。这些技术不仅提高了生产效率,还降低了成本,使得数字经济在全球范围内具有更强的竞争力。数字技术的创新,还催生了大量新的商业模式和服务模式。这些新模式以其独特的价值主张和用户体验,迅速吸引了大量用户,推动了数字经济的快速增长。同时,数字技术的创新还促进了全球范围内的信息共享和合作,使得数字经济成为全球经济增长的新高地。

(三)数字经济生态构建全球增长的新格局

在数字经济时代背景下,数字经济生态的构建成为全球经济增长的新格局。数字经济生态以数字技术为核心,通过产业融合、创新协同和开放共享等方式,形成了具有全球竞争力的数字经济体系。这个体系不仅包括了传统的产业和企业,还涵盖了新兴业态和创新服务,使得数字经济生态更加多元化和丰富化。而数字经济生态的构建,促进了全球范围内的资源优化配置和高效利用。通过数字技术的连接和协同,全球各地的资源更加紧密地联系在一起,形成了全球性的数字经济网络。这个网络不仅提高了资源利用效率,还推动了全球经济的发展。同时,数字经济生态的构建还促进了全球范围内的创新合作和共享发展,为全球经济增长注入了新的活力和动力。

四、传统产业加快数字化转型

(一)产业数字化是各国数字经济差距的主要来源

1. 数字化转型的驱动力

产业数字化转型的驱动力主要来自市场需求的变化、技术创新的推动以及产业升级的需求。随着消费者对个性化、定制化产品和服务的需求日益增长,传统产业必须借助数字技术实现生产方式的灵活化和智能化,以满足市场需求。同时,云计算、大数据、人工智能等前沿技术的不断成熟和应用,为传统产业提供了强大的技术支撑,推动了生产流程的优化和效率的提升。此外,产业升级也是推动数字化转型的重要因素,通过数字化转型,传统产业可以实现产业链的延伸和价值链的提升,增强产业的整体竞争力。

2. 数字化转型的主要方式

在实践中,传统产业的数字化转型路径主要包括技术革新、模式创新和生态构建三个方面。技术革新是数字化转型的基础,企业通过引入先进的数字技术和设备,提升生产自动化和智能化水平。模式创新是数字化转型的关键,企业通过数字化手段重构业务模式,实现业务流程的优化和效率的提升。生态构建则是数字化转型的高级阶段,企业通过数字化平台连接产业链上下游企业,形成协同发展的产业生态。

3. 数字化转型的成效差异

由于各国在产业发展基础、技术创新能力和市场需求等方面存在差异,因此产业数字化转型的成效也各不相同。一些发达国家凭借其在技术、市场和人才等方面的优势，率先完成了传统产业的数字化转型，形成了具有全球竞争力的数字产业集群。而一些发展中国家则由于技术落后、市场不完善和人才短缺等原因，数字化转型进程相对滞后，数字经济实力和发展水平也相对较弱。产业数字化作为各国数字经济差距的主要来源，不仅反映了各国在数字经济发展上的实力和潜力，也揭示了数字化转型对于提升产业竞争力、推动经济高质量发展的重要性。

（二）各国产业数字化在数字经济中占据主导地位

1. 产业数字化对数字经济的贡献

产业数字化对数字经济的贡献主要体现在两个方面：一是推动了数字经济的规模扩张。通过数字化转型，传统产业实现了生产方式的革新和效率的提升，推动了产业规模的扩大和经济效益的提升，进而促进了数字经济的规模扩张。二是提升了数字经济的创新能力和竞争力。数字化转型使得传统产业能够更快地适应市场需求的变化，推动产品和服务的创新，提升了数字经济的创新能力和竞争力。

2. 各国产业数字化的发展策略

为了推动产业数字化的发展，各国纷纷制定了相应的发展策略。一方面，各国加大了对数字技术的研发和应用力度，鼓励企业引入先进的数字技术和设备，提升生产自动化和智能化水平。另一方面，各国还积极构建数字化平台，促进产业链上下游企业的协同发展，形成数字化的产业生态。此外，各国还通过人才培养、资金支持等方式，为产业数字化提供有力的保障和支持。

第三节 数字经济时代下的机遇与挑战

一、数字经济时代下面临的新机遇

(一)产业结构调整与创新

1. 数字经济驱动传统产业转型升级

在数字经济时代,传统产业迎来了前所未有的转型升级机遇。数字技术的深度应用,为传统企业提供了全新的发展路径。通过智能化生产流程的实施,企业能够实现生产过程的自动化、精准化和高效化,显著提高生产效率。同时,数字技术的融入使得供应链变得更加透明,企业可以实时掌握原材料采购、生产进度、物流配送等关键环节的信息,有效降低了运营成本,增强了供应链的韧性和灵活性。在管理层面,数字技术也发挥了重要作用。通过大数据分析和云计算技术,企业能够实现管理的精细化,对生产、销售、财务等各个环节进行实时监控和优化,提高决策的科学性和准确性。智能制造作为数字经济时代的典型代表,正引领着制造业的变革。智慧城市的建设也在不断推进,通过物联网、人工智能等技术,城市的基础设施和服务得到了智能化升级,提升了城市居民的生活质量。此外,数字经济的蓬勃发展还促进了传统产业与新兴产业的深度融合。传统产业在数字化转型的过程中,不断吸收新兴产业的先进理念和技术,实现了自身的创新和发展。这种融合不仅提升了传统产业的竞争力,还为新兴产业的发展提供了广阔的市场空间。

2. 数字经济催生新兴产业蓬勃发展

数字经济时代,数字技术的融合与创新不仅推动了传统产业的转型升级,还催生了大量新兴产业。云计算服务、大数据分析、人工智能解决方案等新兴产业如雨后春笋般涌现,为经济增长注入了新的活力。云计算服务作为数字经济的基础设施,为企业提供了便捷、高效的数据存储和处理能力,降低了企业的 IT 成本,提高了运营效率。大数据分析帮助企业挖掘数据价值,洞察市场趋势,为决策提供有力支持。人工智能解决方案则在智能制造、智慧城市、医疗健康等多个领域发挥重要作用,推动了社会的智能化进步。这些新兴产业的崛起,不仅创造了大量就业机会,还带动了相关产业链的发展。例如,人工智能产业的发展带动了芯片、传感器、算法等多个领域的创新和发展。同时,新兴产业的发展也促进了创新生态的构建,形成了良好的创新氛围和创业环境。

(二)消费模式变革

1. 数字经济催生新兴消费形态

在数字经济时代,数字技术的迅猛发展正以前所未有的方式推动着消费模式的深刻变革。电商平台作为数字经济时代的标志性产物,以其丰富的商品种类、便捷的购物流程和全天候的服务特点,彻底改变了传统消费模式的时空限制,使消费者不再受限于实体店铺的营业时间和地理位置,可以随时随地通过移动设备浏览和购买心仪的商品。这种消费方式的变革,极大地丰富了消费者的选择空间,使得购物变得更加自由、灵活。与此同时,直播带货作为一种新兴的消费形态,正以其独特的魅力和强大的吸引力,引领着消费潮流。通过直播平台,消费者可以直观地了解商品的性能、特点和使用效果,与主播进行实时互动,获得更加真实、直观的购物体验。这种消费方式不仅增强了消费者的参与感和信任度,还激发了消费者的购买欲望,推动了消费市场的繁荣发展。此外,共享经济作为数字经济时代的又一创新消费模式,正以其高效、环保的特点,受到越来越多消费者的青睐。共享单车、共享汽车等共享经济产品的出现,不仅满足了消费者临时性、突发性的需求,还减少了资源浪费,提高了资源利用效率。这种消费模式的变革,不仅体现了数字经济的创新性和可持续性,还为消费者带来了更加便捷、高效的消费体验。

2. 新型支付方式加速消费市场数字化转型

随着数字经济的深入发展,新型支付方式如数字支付、数字货币等正逐渐普及,进一步加速了消费市场的数字化转型。数字支付以其便捷性、安全性和高效性,成为消费者首选的支付方式。通过移动支付应用,消费者可以轻松完成购物结算,无须携带现金或银行卡,大大提高了消费效率。数字货币作为数字支付的一种创新形式,正以其独特的优势和潜力,引领着支付领域的变革。

数字货币具有匿名性、可追溯性和不可篡改性等特点,可以有效保障交易的安全性和隐私性。同时,数字货币的普及还有助于降低交易成本,提高支付效率,推动消费市场的繁荣发展。新型支付方式的普及和应用,不仅提升了消费者的满意度和购物体验,还促进了消费市场的数字化转型和升级。同时,这些新型支付方式也在不断推动着消费模式的创新和变革,为消费者带来更加多元化、个性化的消费选择。

(三)智慧基础设施的需求上升

1.智慧基础设施成为数字经济时代新需求

在数字经济时代,数据已成为驱动经济社会发展的新生产要素,其重要性日益凸显。企业为了保持竞争力,越来越依赖于数据驱动的决策和优化过程。这一转变对智慧基础设施的需求提出了更高要求。大数据中心作为数据存储和处理的核心设施,其规模和能力直接影响到数据处理的效率和准确性。高速网络是数据传输的通道,确保了数据的实时性和可靠性。物联网设备作为数据采集的前端,其广泛部署和应用为数据的获取提供了更多的渠道。而智慧基础设施的完善与否,直接关系到企业能否实现高效、灵活和智能的运营。为了满足这一需求,云计算技术应运而生,它提供了弹性可扩展的计算资源,使企业能够根据业务需求快速调整IT资源。边缘计算进一步将计算能力推向数据产生的源头,减少了数据传输的延迟,提高了处理的实时性。5G通信技术的快速发展,为高速、低延迟的数据传输提供了可能,进一步推动了智慧基础设施的升级和优化。此外,随着智慧基础设施需求的不断上升,相关产业链也迎来了发展机遇。设备制造商、服务提供商、应用开发商等各个环节都在积极布局,力争在数字经济时代占据一席之地。这种需求的增长,不仅推动了技术的快速进步,也为经济发展注入了新的动力。

2.智慧基础设施领域创新活跃,助力数字经济发展

在智慧基础设施需求不断上升的背景下,创新型企业和创业公司如雨后春笋般涌现。这些企业凭借敏锐的市场洞察力和技术创新实力,不断推动智慧基础设施领域的创新和竞争。而创新型企业在大数据中心建设、高速网络部署、物联网设备研发等方面不断取得突破,为数字经济发展提供了强有力的

支撑。它们通过引入先进的技术和管理理念,提高了智慧基础设施的效率和可靠性,降低了运营成本。同时,这些企业还积极拓展应用场景,推动智慧基础设施在各行各业的应用落地。创业公司的加入,为智慧基础设施领域注入了更多活力。它们凭借灵活的运营机制和创新的商业模式,快速响应市场需求,提供了多样化的产品和服务。这种创新竞争的氛围,不仅推动了技术的快速进步,也促进了产业的繁荣发展。

(四)全球市场的深度融合

1. 数字经济驱动全球市场深度融合

在数字经济时代,数字经济的全球化特征日益凸显,它像一股强大的推动力,使得资本、信息、技术在全球范围内以前所未有的高效方式流动与配置。这一变革性的力量,不仅重塑了全球经济的格局,更为国际贸易的多元化发展开辟了广阔的道路。而跨境电商,作为数字经济全球化的重要载体,正以其独特的优势,打破地理界线,连接起全球各地的商家与消费者。无论是身处繁华都市还是偏远乡村,只要有互联网连接,人们就能轻松访问全球商品和服务,享受跨境购物的便捷与乐趣。这种新经济模式不仅极大地丰富了消费者的选择,也为中小企业提供了走向世界的舞台,使它们能够跨越地理障碍,拓展海外市场,实现全球化经营。同时,远程办公和数字贸易等新兴经济模式也在全球范围内迅速崛起。远程办公打破了工作地点的限制,使得人才可以在全球范围内自由流动,为企业提供了多元化的人力资源选择。而数字贸易则通过数字化手段,实现了贸易流程的简化和效率的提升,进一步促进了国际贸易的繁荣与发展。

2. 企业借数字化手段拓展全球市场

在数字经济时代,数字化手段为企业提供了拓展海外市场的强大工具,使它们能够实现全球化布局,提升国际竞争力。通过数字化平台,企业可以轻松地展示产品和服务,吸引全球潜在客户的关注。同时,数字化营销手段如社交媒体、搜索引擎优化等,也帮助企业更精准地定位目标客户群体,提高市场推广的效果。此外,数字化支付和物流系统的完善,也为企业的跨国交易提供了便捷、安全的解决方案。借助数字化手段,企业不仅可以拓展海外市场,还可以实现与全球合作伙伴的紧密协作。通过数字化平台,企业可以与供应商、分销商、客户等各方实时共享信息,协同工作,提高供应链的效率和响应速度。这种全球化的合作模式,不仅降低了企业的运营成本,还增强了企业的创新能力和市场竞争力。

(五)绿色金融与可持续投资

1.绿色金融引领经济绿色转型

在数字经济时代,全球对环境保护的意识日益增强,绿色金融作为推动经济可持续发展的重要力量,正逐渐成为财经领域的新热点。绿色金融通过一系列创新的金融工具,如绿色债券、碳交易等,有效引导资金流向低碳、环保的领域,为经济的绿色转型提供了强有力的支持。绿色债券作为一种专门的债务融资工具,募集的资金主要用于支持具有环境效益的项目,如清洁能源、节能减排、生态环保等。这种融资方式不仅为绿色项目提供了资金保障,也降低了投资者的风险,因为绿色项目通常具有长期稳定的回报和较低的环境风险。碳交易是通过市场机制来控制和减少温室气体排放的一种有效手段。通过建立碳排放权交易市场,企业可以在市场上买卖碳排放权,从而实现碳减排的经济激励。这种市场机制不仅促进了企业的低碳转型,也增强了整个社会的环保意识。同时,绿色金融还涵盖了 ESG(环境、社会和公司治理)投资理念。ESG 投资强调企业在追求经济效益的同时,也要关注环境保护、社会责任和公司治理等方面。这种投资理念不仅有助于提升企业的长期价值,也符合全球可持续发展的趋势。此外,随着绿色金融的不断发展,越来越多的资金将流向绿色领域,推动经济的绿色转型。这不仅有助于应对全球气候变化挑战,也为投资者提供了新的增长点,实现了经济效益和环境效益的双赢。

2.可持续投资开拓新的增长点

在数字经济时代,可持续投资作为一种新兴的投资方式,正逐渐受到投资者的青睐。可持续投资强调在投资决策中考虑环境、社会和公司治理等因素,旨在实现长期稳定的回报和可持续的发展。通过可持续投资,投资者可以将资金投向那些具有良好环境效益、社会责任和公司治理结构的企业和项目。这些企业和项目通常具有较强的竞争力和发展潜力,能够为投资者带来长期稳定的回报。同时,可持续投资也符合全球可持续发展的趋势。随着全球环境保护意识的增强,那些注重环境保护和社会责任的企业将更容易获得市场的认可和消费者的信任。这有助于提升企业的品牌形象和市场价值,为投资者创造更多的财富。此外,可持续投资还有助于推动经济的绿色转型和产业升级。通过引导资金流向绿色、低碳的领域注入,可持续投资可以促进新能源、节能环保等新兴产业的发展,为经济增长提供新的动力。这有助于实现经济的可持续发展和投资者长期利益的最大化。

二、数字经济时代下面临的主要挑战

(一)数据安全与隐私保护

在数字经济时代,数据已成为企业的核心资产,其重要性不言而喻。随着数据的广泛采集和应用,数据安全和个人隐私保护问题也日益凸显出来。数据在传输、存储、处理和使用的过程中,面临着诸多风险,一旦数据泄露或被滥用,将给企业和个人带来无法估量的损失。企业作为数据的主要处理者,必须加强数据安全管理,建立健全的数据保护机制,确保数据的安全性和完整性。同时,提高用户的数据保护意识也至关重要,只有让用户充分认识到数据保护的重要性,才能更好地保障个人隐私不受侵犯。当前数据泄露、滥用和隐私侵犯等问题时有发生,企业和个人都面临着巨大的风险。因此,在数字经济时代,如何确保数据在各个环节中的安全性,防止数据被非法获取和利用,已成为必须面对的重要挑战。这需要企业、政府和社会各方共同努力,加强数据保护法律法规的制定和执行,提升数据安全技术水平,共同维护数据安全和个人隐私。

(二)数字鸿沟问题

数字经济的快速发展,虽然为全球经济带来了新的增长点和动力,但也加剧了地区间、城乡间、不同群体间的数字鸿沟。一些地区和群体由于技术落后、基础设施不完善等原因,无法充分享受数字经济带来的便利和机遇。这种数字鸿沟不仅影响了经济发展的平衡性,还可能导致社会不平等现象的加剧。

在数字经济时代,信息和技术成为推动经济发展的关键因素,而数字鸿沟的存在使得一些地区和群体无法获取到最新的信息和技术,从而错失了发展的良机。因此,如何缩小数字鸿沟,让更多人能够平等地享受到数字经济带来的红利,已成为亟待解决的问题。这需要政府和社会各方加大投入,推动基础设施的建设和升级,提高数字技术的普及率,同时加强数字教育和培训,提高人们的数字素养和技能水平,让更多人能够融入数字经济的大潮中来。

(三)新兴技术的管控问题

随着数字经济的不断发展,各类新兴数字技术如雨后春笋般涌现出来,为经济社会发展注入了新的活力。而这些新兴技术也带来了一系列的风险与安全挑战。新兴技术的快速发展和应用,使得经济社会面临着前所未有的威胁。一些不法分子利用新兴技术进行网络攻击、信息窃取等违法活动,给企业和个人带来了巨大的损失。同时,新兴技术的管控能力也亟须提升。由于新兴技术的复杂性和不确定性,传统的管控手段已经难以满足需求。因此,在数字经济时代,如何加强新兴技术的管控,确保技术的健康发展和社会稳定,已成为必须面对的重要挑战。这需要政府、企业和社会各方加强合作,共同构建新兴技术的管控体系,提高技术的安全性和可靠性,为数字经济的健康发展提供有力保障。

(四)就业结构调整与人才供给

传统就业岗位在数字经济的冲击下逐渐减少,而新兴的数字技术领域则需要大量具备专业技能的人才。这种就业结构的调整,使得一些劳动者面临失业的风险,同时也为具备数字技能的人才提供了更广阔的发展空间,但数字技能人才的培养和供给还远远不能满足数字经济的需求。一些传统行业的劳动者由于缺乏数字技能,难以适应新的就业环境,而新兴领域的人才又相对匮乏。因此,在数字经济时代,如何调整就业结构,加强数字技能人才的培养和供给,已成为必须面对的重要课题。这需要政府、企业和教育机构加强合作,共同推动数字技能教育的发展和普及,提高劳动者的数字素养和技能水平,为数字经济的健康发展提供有力的人才支撑。

第二章 商业模式的基本概念与演变

第一节 商业模式的定义与构成要素

一、商业模式的概念

(一) 商业模式的起源

"商业模式"这一概念,深植于创业者的创意之中。商业创意,来自机会的丰富和逻辑化体现,有着演变为成熟商业模式的潜力。机会,本质上是市场需求的不明确性或资源的未被充分利用,它等待着有识之士去发掘和整合。商业模式的概念虽早在 20 世纪 50 年代就已出现,但直至 90 年代才被广泛认知和应用,如今已成为创业领域和风险投资领域的热门话题。一个好的商业模式,如同成功的一块基石,揭示了公司通过何种途径或方式来实现盈利。无论是饮料公司卖饮料、快递公司送快递,还是网络公司依赖点击率、通信公司收取话费、超市利用平台和仓储,都是商业模式的具体体现。随着市场需求的日益明确和资源的准确界定,机会逐渐演化为创意,进而形成包含产品/服务、市场、供应链/营销/运作等核心计划的商业概念。这一概念的不断提升和复杂化,最终催生了完善的商业模式,将市场需求与资源紧密结合,形成了企业盈利的系统框架。在商业模式的演变过程中,我们看到了从简单到复杂、从模糊到清晰的发展轨迹。最初,商业模式可能只是创业者心中的一个模糊想法,随着市场的反馈和资源的整合,这个想法逐渐变得具体和可行。商业模式的形成,不仅仅是企业盈利方式的描述,更是企业战略、组织结构、合作伙伴关系等多方面的综合体现。它要求企业不仅要关注产品和服务本身,还要关注如何将这些产品和服务有效地传递给消费者,如何实现持续盈利,如何在竞争中保持优势。随着市场的不断变化和技术的不断进步,商业模式也在不断地创新和演变。新的商业模式不断涌现,旧的商业模式也在不断地调整和优化。企业要想在激烈的市场竞争中立于不败之地,就必须不断地探索和创新商业模式,以适应市场的变化和满足消费者的需求。

(二)商业模式的功能

商业模式作为一种概念性工具,其核心在于阐述企业的商业逻辑。它不仅仅描述了公司如何为客户创造价值,还揭示了公司内部结构、合作伙伴网络以及关系资本等要素如何协同作用,以实现这一价值并产生可持续的盈利收入。商业模式的构成要素多种多样,包括但不限于产品/服务、目标客户、市场定位、营销策略、供应链体系、盈利模式、组织结构、合作伙伴等。商业模式的功能在于将企业的各种资源有效地组织和管理起来,以形成能够满足消费者需求的产品和服务。这些资源包括资金、原材料、人力资源、作业方式、销售方式、信息、品牌和知识产权等。通过商业模式的运作,企业将这些资源转化为具有市场竞争力的产品和服务,从而实现盈利和持续发展。同时,商业模式还具有复制性和难以模仿性,这使得企业在市场竞争中能够保持优势地位。一个成功的商业模式不仅需要满足消费者的需求,还需要考虑企业的长期发展和可持续性。因此,在设计和优化商业模式时,企业需要综合考虑市场趋势、技术变革、政策环境等多方面因素,以确保商业模式的适应性和灵活性。同时,企业还需要不断地创新和改进商业模式,以适应市场的变化和满足消费者的新需求。

二、商业模式的构成要素

(一)价值主张

价值主张,这一商业模式的核心构成要素,深深植根于企业为消费者创造独特价值的理念之中,不仅仅是产品或服务的功能描述,更是企业如何满足消费者需求、解决其痛点或提升其生活品质的承诺。在纷繁复杂的市场环境中,消费者面临着众多的选择,而一个清晰、有力的价值主张,正是吸引他们关注并最终选择该企业的关键。企业需深入挖掘消费者的潜在需求,了解他们的期望与偏好,然后通过创新的产品设计、卓越的服务体验或高效的解决方案,将这些价值传递给消费者。价值主张的成功,不仅在于它能够满足消费者的当前需求,更在于它能够预见并引领未来的消费趋势,从而为企业赢得持续的市场竞争力和消费者的长期忠诚。企业需不断审视和调整其价值主张,确保它始终与市场需求保持同步,以在激烈的市场竞争中保持领先地位。

(二)客户细分

客户细分是指企业根据自身发展战略的需要,根据客户的属性、行为、需求、偏好及价值等因素对客户进行分类,并提供有针对性的产品、服务和销售模式。客户细分的目的是确定企业或商家所提供的产品或服务所针对的对象,他们是企业产品或服务的直接购买者与使用者。客户细分要解决的问题是企业准备向哪些市场区间传递价值。只有确定了目标客户,企业才能够进一步地开展生产和营销活动。

(三)客户关系

客户关系即企业为扩展市场,达到经营目标,主动与客户建立起来的某种联系。最初的客户关系仅指企业与客户之间的交易关系。随着商业的不断发展,尤其是市场竞争的日益激烈,现在企业的客户关系变得越来越多元化,也可指企业与潜在客户之间的关系。这种关系具有多样化、差异性、竞争性、双赢性的特征,能够帮助企业深入地了解客户的需求,对于企业的产品研发、市场推广等都具有积极的意义。因而,现在的企业都非常重视客户关系的管理。

(四)成本结构

商业模式中的成本结构,也称为成本构成,是指企业在生产运营过程中需要支付成本和费用的活动。企业的运转过程是由各种活动组成的,而这些活动不可避免地会产生各项费用。了解各项活动的成本占总成本的比重是成本结构的重点,有利于企业进行成本优化。同时,在一般情况下,某项活动的成本占企业总成本的比重越高,该活动成为企业主要风险的概率就越大。了解企业的成本结构有利于企业进行风险控制。

(五) 核心能力

核心能力作为企业商业模式的基石,是企业在特定领域内所拥有的、难以被竞争对手轻易复制的优势资源和能力。这些能力体现在技术创新、品牌影响力、高效运营流程、独特企业文化等多个方面。核心能力的形成,往往需要企业长时间的积累、投入和持续的创新。它们不仅能够帮助企业在市场竞争中脱颖而出,还能够为企业带来持续的竞争优势和超额利润。核心能力的构建和维护,需要企业具备敏锐的市场洞察力、强大的执行力和持续的创新动力。

(六) 关键业务

关键业务是企业商业模式中的重要组成部分,它决定了企业如何运营、如何创造价值。关键业务也被称为企业内部的价值链,它涵盖了企业从产品研发、生产制造、市场营销到售后服务等各个环节。这些业务环节相互关联、相互支撑,共同构成了企业的核心业务体系。以淘宝网为例,作为中国最大的网购零售平台,其关键业务就是开发和维护电商平台,确保网页的正常运转和用户体验的持续优化。淘宝网通过不断的技术创新和业务拓展,不断提升平台的服务能力和竞争力,吸引了大量的商家和消费者入驻。同时,淘宝网还注重用户体验的提升,通过优化页面设计、完善支付体系、加强售后服务等措施,不断提升用户的购物体验和满意度。这些关键业务的成功运营,为淘宝网赢得了市场份额和消费者口碑,奠定了其在电商领域的领先地位。

(七) 渠道通路

渠道通路,即分销渠道,是企业将产品从生产者传递给消费者的途径和方式。肯迪夫和斯蒂尔曾指出,分销渠道是产品从生产者向最后消费者或产业用户移动时,直接或间接转移所有权所经过的途径。渠道通路的选择和构建,对于企业的市场营销策略和产品销售具有至关重要的影响。根据有无中间商参与交易活动,分销渠道可以分为直接分销渠道和间接分销渠道。直接分销渠道是指企业直接将产品销售给消费者或产业用户,如通过自营店铺、官方网站或直销团队等方式进行销售。间接分销渠道则是指企业通过中间商(如批发商、零售商或代理商)将产品销售给消费者或产业用户。企业需要根据自身情况、产品特点、市场需求和竞争环境等因素,选择合适的渠道通路,以确保产品能够顺畅地到达消费者手中,并实现销售目标。同时,企业还需要不断优化和调整其渠道策略,以适应市场变化和消费者需求的变化,从而保持市场竞争力和持续发展能力。

(八)重要合作

重要合作是指企业在发展过程中与其他企业形成的能为企业发展提供有效价值的合作关系网络。从产业链上来看,客户处于企业产业链的下游,而重要合作伙伴关系主要是指企业和产业链中上游的其他企业的关系,为有效地创造价值并将其商业化而形成的合作关系网络,包括上下游伙伴、竞争/互补关系、联盟/非联盟等形式。这种关系网络形成了企业商业圈的范围。在激烈的市场竞争中,现代企业的可持续发展不再是"单打独斗",企业和企业之间需要相互合作,打破现有的行业格局,互相取长补短,互为支撑才能获得长久的发展。

(九)收入来源

收入来源即收入模式,是指对企业的经营要素进行价值识别和管理,探寻其中存在的可盈利机会,即在企业众多的活动中辨别其中的盈利活动,并解析其盈利的过程,从而将该活动形成可复制且可持续的模式。它回答了客户愿意为该企业的哪些产品或服务买单、他们想要从该产品或服务上真正获取的价值是什么等问题。

第二节 传统商业模式的演变历程

一、近代商业模式(工业革命至20世纪初)

(一)工业革命时期的生产与销售分离商业模式

1. 机器生产

蒸汽机、纺织机、炼钢炉等先进设备的引入,使得生产效率实现了质的飞跃。机器不仅能够持续、高效地完成重复性工作,还大大减少了人力成本,提高了生产精度。工厂主们开始意识到,通过机械化生产,可以在短时间内生产出大量质量稳定的商品。这种生产方式不仅满足了日益增长的市场需求,还推动了商品供应量的急剧增加。机器生产的普及,使得工业生产不再受制于季节、天气或人力因素的限制,生产效率和产能得到了前所未有的提升。随着技术的不断进步,机器也在不断更新换代,生产效率进一步提升,为后来的大规模生产和全球化贸易奠定了坚实的基础。机器生产的兴起,不仅改变了工业生产的面貌,也深刻影响了社会结构和经济发展模式,标志着人类社会正式进入了工业化时代,为后续的商业变革提供了强大的物质基础和技术支撑。

2. 生产与销售分离

生产厂家不再兼顾生产和销售两个环节,而是专注于生产高质量的产品。他们利用先进的机器设备,实现规模化生产,降低成本,提高产品质量。与此同时,销售环节则交给了专门的经销商、分销商等渠道商来负责。这些渠道商拥有广泛的市场网络和销售经验,能够迅速将产品推向市场,满足消费者的需求。生产与销售分离的模式,使得生产厂家能够更加专注于技术创新和生产管理,提高生产效率;渠道商则能够发挥其市场优势,拓宽销售渠道,扩大市场份额。这种分工合作的方式,不仅提高了整个产业链的效率,还促进了商品的流通和市场的繁荣。生产与销售分离的商业模式,成为工业革命时期的一大特色,为后来的现代化企业管理和市场营销提供了宝贵的经验。

3. 市场扩大

随着交通运输的改善,特别是铁路、公路和水路交通的快速发展,商业活动的范围不再局限于本地市场,而是逐渐扩展到全国乃至全球市场。商品的流通速度加快,交易成本降低,使得更多的商品能够跨越地域限制,进入更广阔的市场。同时,工业革命带来的生产效率提升和商品供应量增加,也为市场的扩大提供了有力的支撑。随着市场的不断扩大,消费者的需求也日益多样化,这进一步推动了商品的生产和创新。厂家为了满足不同市场的需求,不断开发新产品,提高产品质量,使得市场竞争日益激烈。市场的扩大,不仅促进了经济的繁荣和发展,还加强了不同地区之间的经济联系和合作,为全球化贸易的形成和发展奠定了基础。工业革命时期的市场扩大,是人类社会经济发展的一个重要里程碑,标志着人类商业活动进入了一个新的阶段。

(二)19世纪60年代初连锁经营模式

1. 标准化与规模化

19世纪60年代初,连锁经营商业模式以其独特的标准化与规模化特点,在商业领域崭露头角。连锁经营通过统一的品牌形象,如统一的店名、标志和装修风格,为消费者提供了清晰可辨的购物体验。这种标准化不仅体现在外在形象上,更深入到商品采购、物流配送和门店管理的每一个环节。连锁企业通过集中采购,利用规模效应降低采购成本,确保商品质量和供应的稳定性。在物流配送方面,连锁经营实现了统一配送,提高了物流效率,降低了运输成本。门店管理方面,连锁企业制定统一的操作流程和服务标准,确保每家分店都能提供一致的服务质量。这种标准化与规模化的经营模式,使得连锁企业能够在快速扩张的同时,保持高效的运营和成本控制,从而在市场竞争中占据有利地位。

2. 品牌效应

在19世纪60年代初,品牌效应在连锁经营商业模式中得到了充分体现。知名品牌通过连锁经营,迅速扩大市场份额,提高品牌知名度。连锁经营使得品牌的传播更加广泛和深入,消费者无论走到哪里,都能见到熟悉的品牌标识和享受到一致的服务体验。这种品牌认知度的提升,不仅增强了消费者对品牌的信任和忠诚度,还为品牌带来了溢价效应。知名品牌通过连锁经营,实现了规模效应和品牌效应的双重收益。连锁企业可以利用品牌的影响力,快速进入新市场,抢占市场先机。同时,品牌效应也为连锁企业提供了稳定的客户群体和持续的盈利能力,使得连锁经营商业模式在商业领域中展现出强大的生命力。

3. 行业拓展

随着时间的推移,连锁经营模式逐渐拓展到餐饮、零售、住宿等多个行业。在餐饮行业,连锁餐厅以其独特的菜品和优质的服务,吸引了大量消费者。连锁经营模式使得餐厅的菜品和服务标准得以统一,消费者无论在哪家分店用餐,都能享受到一致的品质。在零售行业,连锁超市和便利店以其丰富的商品种类和便捷的购物环境,满足了消费者多样化的需求。连锁经营模式使得零售商能够更高效地管理库存和物流,提供更具竞争力的价格和服务。在住宿行业,连锁酒店以其标准化的服务和舒适的住宿环境,赢得了消费者的青睐。连锁经营模式使得酒店的管理更加规范化和专业化,提高了服务质量和客户满意度。连锁经营模式的行业拓展,不仅丰富了消费者的选择,也推动了相关行业的快速发展和升级。

二、现代商业模式(20 世纪初至互联网时代前)

(一)20 世纪中期以后的多渠道销售

1. 传统渠道优化

20 世纪中期以后,随着市场竞争的日益激烈,传统实体店铺面临着前所未有的挑战。为了吸引和留住消费者,实体店铺开始了全面的优化升级。在布局方面,店铺不再仅仅追求商品的堆砌和陈列,而是注重空间的合理利用和顾客的购物体验。通过精心设计的店铺布局,引导顾客流畅地穿梭于各个区域,同时营造出舒适、愉悦的购物环境。服务质量的提升也是传统渠道优化的重要一环。店铺员工经过专业培训,具备丰富的商品知识和良好的服务态度,能够为顾客提供个性化的购物建议和贴心的服务。此外,实体店铺还通过增设休息区、儿童游乐区等设施,满足顾客多样化的需求,增强店铺的吸引力。这些优化措施不仅提升了顾客的购物体验,也增强了实体店铺在多渠道销售商业模式中的竞争力,使其能够在激烈的市场竞争中立于不败之地。

2. 新兴渠道出现

20 世纪中期以后,随着科技的飞速发展和消费者需求的日益多样化,新兴销售渠道如雨后春笋般涌现。邮购作为一种便捷的购物方式,迅速受到了广大消费者的青睐。消费者只需通过邮寄订单或电话订购,就能轻松购买到心仪的商品,无须亲自前往实体店铺。电视购物则是另一种新兴的销售渠道,它利用电视媒体的广泛覆盖和直观展示的优势,将商品直接呈现给消费者,激发了消费者的购买欲望。这些新兴销售渠道的出现,不仅为消费者提供了更加多元化的购物选择,也打破了传统销售渠道的时空限制,使得商品能够跨越地域和时间的障碍,迅速到达消费者手中。新兴渠道的兴起,为商业模式的创新和发展注入了新的活力。

3. 营销策略多样化

20 世纪中期以后,随着市场竞争的加剧和消费者需求的多样化,企业的营销策略也开始呈现出多样化的趋势。除了传统的广告宣传和促销活动外,企业开始探索更多创新的营销方式。会员制度作为一种有效的顾客忠诚计划,被越来越多的企业所采用。通过提供会员专属的优惠、积分、礼品等服务,企业成功地吸引了大量忠实顾客,增强了顾客的黏性和忠诚度。积分奖励制度也是企业营销策略多样化的一大亮点。消费者在购买商品时可以获得相应的积分,积分累积到一定额度后可以兑换商品或享受其他优惠服务。这种制度不仅激发了消费者的购买欲望,也促进了消费者的复购行为。此外,企业还通过社交媒体、内容营销、事件营销等多种方式,与消费者建立更紧密的联系,提升品牌形象和知名度。营销策略的多样化,为企业提供了更加多元化的市场推广手段,也为消费者带来了更丰富的购物体验和选择。

(二) 商业模式的专业化与细分化

1. 市场细分

随着市场竞争的日益加剧,企业开始意识到,一刀切的市场策略已难以满足消费者多样化的需求。于是,市场细分成为企业发展战略中的重要一环。企业不再仅仅满足于覆盖广泛的市场群体,而是深入挖掘消费者的具体需求,将市场细分为更小的、更具针对性的细分市场。这些细分市场可能基于年龄、性别、收入水平、兴趣爱好、地域文化等多种因素进行划分。通过市场细分,企业能够更准确地把握不同消费者群体的独特需求,从而提供更加贴合消费者心理的产品和服务。例如,在服装行业,企业会根据消费者的年龄和风格偏好,推出针对不同年龄段的时尚系列,或者针对特定风格的专属产品线。这种市场细分策略不仅提高了企业的市场竞争力,也促进了产品的多样化和创新,满足了消费者日益增长的个性化需求。

2. 专业化经营

在市场竞争日益激烈的背景下,企业开始寻求通过专业化经营来提升自身的竞争力。专业化经营意味着企业不再追求面面俱到,而是选择专注于某一领域或某一细分市场,集中资源进行深入耕耘。这种经营策略使得企业能够在选定的领域内积累丰富的经验和专业知识,形成独特的技术优势和服务特色。例如,在科技行业,许多企业选择专注于某一技术领域,如人工智能、大数据、云计算等,通过持续的技术研发和创新,成为该领域的领军企业。专业化经营不仅提高了企业的专业水平和效率,也增强了企业的市场适应能力和抗风险能力,使企业在激烈的市场竞争中保持稳健发展。

3. 品牌差异化

企业通过实施品牌差异化战略,在消费者心中树立独特的品牌形象,从而与竞争对手区分开来。品牌差异化可能体现在产品的设计、质量、功能、服务等多个方面。例如,一些高端品牌注重产品的品质和工艺,通过提供奢华的体验和服务,赢得消费者的青睐;一些创新品牌则侧重于产品的独特性和新颖性,通过不断推出新颖有趣的产品,吸引年轻消费者的关注。品牌差异化不仅增强了企业的市场竞争力和品牌忠诚度,也提升了企业的品牌价值和市场地位。在消费者心中树立独特的品牌形象,是企业长期发展的基石,也是企业在市场竞争中立于不败之地的重要保障。

三、互联网时代的商业模式(20世纪末至今)

(一)20世纪90年代中期以后的电子商务兴起

1. 在线交易

20世纪90年代中期以后,随着互联网技术的飞速普及和发展,电子商务这一新兴商业模式如雨后春笋般崭露头角。在线交易,作为电子商务的核心环节,彻底改变了传统购物方式。消费者不再受限于时间和空间的束缚,只需轻轻点击鼠标,就能在互联网上浏览琳琅满目的商品。无论是家居用品、服装鞋帽,还是电子产品、图书音像,各类商品应有尽有,满足了消费者的多样化需求。而且在线交易流程简洁高效,消费者可以随时随地浏览商品详情、比较价格、查看用户评价,从而做出更加明智的购买决策。下单购买也只需几步操作即可完成,大大节省了购物时间。同时,安全的支付系统保障了交易的安全性,让消费者在享受便捷购物体验的同时,也能放心交易。在线交易的兴起,不仅为消费者带来了前所未有的购物便利,也推动了商业模式的革新,为商家开拓了新的销售渠道和市场空间。

2. 电商平台崛起

在电子商务的浪潮中,第三方电商平台如淘宝、京东等迅速崛起,成为消费者购物的首选之地。这些电商平台汇聚了众多商家和商品,提供了丰富的购物选择。消费者可以在平台上轻松找到心仪的商品,享受"一站式"购物服务。而且电商平台不仅为消费者提供了便捷的购物渠道,也为商家提供了更大的销售平台。商家可以通过平台展示商品、吸引顾客、完成交易,大大降低了开店成本和运营风险。同时,电商平台还通过大数据分析、精准营销等手段,帮助商家更好地了解消费者需求,优化商品和服务。电商平台的崛起,促进了商业生态的繁荣和发展,推动了经济的数字化转型。

3. 物流配送完善

随着电子商务的蓬勃发展,物流配送体系也逐渐完善起来。为了确保商品能够及时、准确地送达消费者手中,物流公司不断投入资金和技术,提升配送效率和服务质量。而物流配送的完善,为电子商务的快速发展提供了有力支撑。消费者在下单后,可以实时追踪物流信息,了解商品运输进度。物流公司通过优化配送路线、提高配送速度,确保商品能够尽快到达消费者手中。同时,物流公司还提供了灵活的配送方式,如快递送货上门、自提点取货等,满足消费者的不同需求。物流配送的完善,不仅提升了消费者的购物体验,也推动了电子商务行业的持续健康发展。

(二)21世纪初以后的移动电商与社交电商

1. 移动购物

进入21世纪以来,随着智能手机的普及和移动互联网技术的飞速发展,移动购物逐渐成为一种主流的消费方式。智能手机的便捷性、高效性以及无处不在的网络连接,使得消费者可以随时随地通过手机等移动设备浏览商品、下单购买,极大地改变了传统的购物习惯。移动购物平台的兴起,如淘宝、京东、拼多多等,为消费者提供了丰富的商品选择和便捷的购物体验。这些平台不仅拥有庞大的商品库,还支持多种支付方式,如支付宝、微信支付等,让交易变得更加安全和快捷。此外,移动购物还促进了线上线下融合(O2O)模式的发展,消费者可以通过线上平台预约服务,然后到线下实体店体验和消费,实现了购物体验的升级。移动购物的兴起,不仅满足了消费者日益增长的个性化需求,也推动了电子商务行业的持续创新和快速发展。

2. 社交电商

随着社交媒体的兴起,社交电商逐渐成为一种新兴的商业模式。社交电商将社交媒体与电商相结合,通过社交媒体平台上的分享、点赞、评论等互动手段,促进商品的销售和品牌的传播。例如,微信小程序、抖音电商等平台,利用社交网络的传播特性,实现了去中心化的流量获取。消费者可以在社交平台上直接浏览商品、下单购买,并分享自己的购物体验。这种购物方式不仅增加了用户之间的黏性,还促进了商品的传播和口碑的积累。同时,社交电商还强调社区化运营,通过构建用户社区、举办线上线下活动等方式,增强用户的归属感和忠诚度。社交电商的出现,不仅为消费者提供了更加便捷的购物体验,也为商家提供了更加高效、低成本的营销渠道。

3. 依据消费者偏好进行内容推送

在 21 世纪的今天,随着大数据、人工智能等技术的飞速发展,电商平台能够为消费者提供更加个性化的商品推荐和服务。通过对用户行为数据的深度挖掘和分析,电商平台可以了解用户的兴趣偏好、购买习惯等信息,从而为用户推荐更符合其需求的商品。例如,一些电商平台会根据用户的浏览历史、购买记录等信息,为用户推荐类似的商品或搭配商品;电商平台还会根据用户的地理位置、天气情况等信息,为用户提供个性化的服务,如推荐附近的餐厅、商场等。个性化推荐不仅提高了用户的购物体验,也增加了用户的购买意愿和忠诚度。通过个性化推荐,电商平台能够更好地满足消费者的个性化需求,实现精准营销和高效转化。同时,个性化推荐也推动了电商平台的持续创新和升级,为电商行业的发展注入了新的活力。

(三)线上线下融合(O2O 模式)

1. 线上线下互补

在近年来,线上线下融合(O2O 模式)商业模式得到了广泛的应用和发展,线上线下互补成为其核心特点之一。线上渠道以其便捷性、高效性和广泛覆盖性,为消费者提供了前所未有的购物体验。消费者可以在家中、办公室或任何有网络连接的地方,通过手机或电脑轻松浏览商品信息、比较价格、下单购买,大大节省了时间和精力。线下渠道则以其独特的商品展示、体验和服务优势,为消费者提供了更为直观和真实的购物感受。消费者可以在实体店中亲手触摸商品、试用产品,与销售人员面对面交流,获得更为详细和专业的购物建议。线上线下互补的 O2O 模式,将两者的优势有机结合,既满足了消费者对便捷性、高效性的需求,又保证了购物体验的真实性和互动性,为消费者带来了更加丰富和全面的购物体验。

2. 全渠道营销

全渠道营销强调企业需要整合线上线下资源,通过多种渠道与消费者建立联系和互动。线上渠道包括电商平台、社交媒体、企业官网等,线下渠道则包括实体店、展会、活动等。企业可以通过线上渠道进行品牌宣传、产品推广和客户服务,吸引潜在客户的关注;通过线下渠道提供商品展示、体验和服务,增强客户对品牌的认知和信任。全渠道营销不仅拓宽了企业的营销渠道,提高了品牌曝光率,还通过线上线下的无缝衔接,为消费者提供了更加便捷、个性化的购物体验。这种全方位的营销策略,有助于企业更好地满足消费者的多样化需求,提升品牌影响力和市场竞争力。

3. 消费者体验优化

线上线下融合(O2O 模式)商业模式的核心在于为消费者提供更加便捷、个性化的购物体验。通过线上线下的无缝衔接,企业可以打破传统购物的时空限制,让消费者随时随地享受到优质的购物服务。例如,消费者可以在线上平台浏览商品信息、比较价格、下单购买,然后到线下实体店提货或体验服务,或者通过线上预约、线下体验的方式,在购买前对商品有更深入的了解和体验。此外,企业还可以利用大数据、人工智能等技术手段,对消费者的购物行为进行深度分析和预测,为消费者提供更加个性化的商品推荐和服务。通过线上线下融合,企业能够深入了解消费者的需求和偏好,不断优化购物流程和服务质量,提升消费者的满意度和忠诚度。这种以消费者为中心的商业模式,不仅有助于企业赢得市场竞争优势,也为消费者带来了更加丰富和满意的购物体验。

第三节　数字经济对商业模式的影响分析

一、加速生产要素流动,提升商业模式市场配置效率

(一)数字经济加速生产要素流动

在数字经济时代,大数据、云计算、人工智能等先进技术如同强劲的催化剂,极大地加速了生产要素的流动。资本、劳动力、信息等关键要素,在数字技术的驱动下,实现了前所未有的高效流转。大数据技术的应用,使得海量数据得以快速处理和分析,为资本提供了更为精准的投资导向。云计算平台则打破了地域和时间的限制,让劳动力能够跨越空间界限,实现远程协作和高效工

作。而人工智能的融入,更是让信息处理和决策制定变得智能化、自动化。在这种背景下,生产要素的流动速度大大加快,市场响应更加灵敏。企业可以实时获取市场动态,迅速调整经营策略,以适应快速变化的市场需求。同时,数字技术的广泛应用也降低了信息不对称性,提高了市场透明度,使得资源配置更加合理、高效。这种加速的生产要素流动,为商业模式的创新和发展提供了强大的动力。

(二)数字经济提升市场配置效率

在传统经济模式下,市场信息传递存在时滞,资源配置往往受到诸多限制。而在数字经济的助力下,市场信息能够实时、准确地传递给每一个市场主体。电商平台是数字经济提升市场配置效率的典型代表。它们利用大数据分析消费者的购物行为、偏好和需求,为消费者提供个性化的商品推荐和服务。这种精准匹配不仅提高了消费者的购物体验,也极大地提升了交易效率。同时,电商平台还通过整合供应链资源,优化物流配送体系,进一步降低了交易成本,提高了市场整体的运行效率。数字经济的这种市场配置效率提升,使得资源能够更加快速地流向最具潜力的领域和企业,促进了经济的持续增长和创新发展。

(三)数字经济助力企业优化资源配置

在数字经济中,数字技术不仅加速了生产要素的流动,提升了市场配置效率,更为企业优化资源配置和提高运营效率提供了有力支持。通过大数据分析,企业可以深入了解市场需求、消费者行为和竞争态势,从而制定出更加精准、有效的经营策略。云计算平台则为企业提供了强大的数据处理和存储能力,使得企业能够高效地管理海量数据,实现业务的智能化、自动化。人工智能的应用,更是让企业在生产、销售、服务等各个环节都实现了质的飞跃。在数字经济的助力下,企业可以更加灵活地调整资源配置,快速响应市场变化,提高运营效率和市场竞争力。这种优化资源配置和提高运营效率的能力,成为企业在数字经济时代立足和发展的关键。

二、促进商业模式新业态和新模式的出现

（一）数字经济孕育新业态，开启消费新篇章

在数字经济下，一系列新业态如雨后春笋般涌现，为消费市场注入了前所未有的活力。电子商务作为其中的佼佼者，彻底改变了传统商业的运作模式。它打破了地理界线，让消费者能够随时随地浏览、选购商品，享受到了前所未有的购物便捷性。电子商务还促进了物流行业的快速发展，使得商品能够更快、更准确地送达消费者手中。在线服务也是数字经济催生的另一大新业态。随着互联网的普及，人们越来越习惯于在线上寻求各种服务，如在线教育、在线医疗、在线娱乐等。这些在线服务不仅提供了更加便捷、高效的服务方式，还大大降低了服务成本，使得更多人能够享受到高质量的服务。共享经济作为数字经济时代的新模式，更是以其独特的魅力吸引了众多消费者的目光。共享单车、共享办公空间等共享经济模式的出现，让人们能够更加灵活地利用资源，降低了生活成本，同时也为社会带来了巨大的经济效益和社会效益。此外，在共享经济模式下，资源得到了更加合理的利用，减少了浪费。例如，共享单车解决了城市"最后一公里"的出行难题，既方便了市民，又减少了汽车尾气排放，有利于环境保护。共享办公空间则为创业者提供了低成本的办公场所，促进了创新创业的发展。这些新业态和新模式的出现，不仅丰富了消费市场，也提升了消费者的生活品质。

（二）新模式引领消费潮流，提升用户体验

数字经济时代，新模式的不断涌现不仅改变了消费方式，更引领了消费潮流。以电子商务为例，随着技术的不断进步，电商平台逐渐从单一的商品交易场所转变为集购物、社交、娱乐于一体的综合性平台。消费者在这里不仅可以买到心仪的商品，还可以与商家、其他消费者进行互动，分享购物心得，增强了购物的趣味性和社交性。同时，在线服务的新模式也为消费者带来了更加个性化的服务体验。例如，在线教育平台通过大数据分析学生的学习情况和兴趣爱好，为他们提供定制化的学习方案和资源；在线医疗平台则让消费者能够

随时随地咨询医生,获取专业的医疗建议和治疗方案。这些新模式不仅提高了服务的便捷性和效率,还满足了消费者个性化的需求。此外,共享经济模式在提升用户体验方面也发挥了重要作用。共享单车、共享汽车等共享出行方式让消费者能够更加灵活地选择出行方式,避免了拥堵和停车难等问题;共享住宿让消费者能够体验到不同地区的独特风情和文化氛围,拓宽了视野。这些新模式不仅为消费者提供了更多选择,还提升了他们的消费体验和满意度。

（三）新业态新模式共筑数字经济新生态

数字经济时代的新业态和新模式不仅改变了消费市场和消费方式,还共同构筑了一个全新的数字经济生态。在这个生态中,各种新业态和新模式相互依存、相互促进,共同推动了数字经济的发展和繁荣。电子商务作为数字经济生态的重要组成部分,为其他新业态和新模式提供了广阔的市场和无限的商机。在线服务借助电子商务平台实现了快速发展和普及,为消费者提供了更加便捷、高效的服务方式。共享经济模式通过共享资源、降低成本的方式,为数字经济生态注入了新的活力和动力。同时,新业态和新模式的发展也促进了相关产业的创新和升级。例如,随着电子商务的快速发展,物流行业不断引入新技术和新设备,提高了物流效率和服务质量;在线教育平台的兴起推动了教育行业的数字化转型和创新发展。这些产业的创新和升级进一步丰富了数字经济生态的内涵和外延。

三、提升商业模式的运营效率和服务质量

（一）数字经济助力企业实现业务流程数字化、智能化

在数字经济时代,信息技术的飞速发展为企业带来了前所未有的发展机遇。企业开始积极探索将数字技术融入业务流程,以实现运营的数字化、智能化转型。这一转型不仅提升了企业的运营效率,更为服务质量的飞跃奠定了坚实基础。智能制造企业是这一转型的先锋,通过引入智能机器人、自动化生产线等先进技术,彻底改变了传统制造模式。生产过程中的自动化、智能化使得生产效率大幅提升,同时产品质量也得到了有力保障。智能机器人能够精

准执行生产任务,减少人为误差,确保产品的一致性和高品质。自动化生产线实现了生产流程的无缝衔接,提高了整体生产效率。除了制造业,其他行业的企业也在积极推进业务流程的数字化、智能化。通过采用云计算、大数据等技术,企业能够实时获取和分析运营数据,为决策提供有力支持。这种数据驱动的运营模式使得企业能够更加灵活地应对市场变化,快速调整业务策略,保持竞争优势。

(二)数字经济优化企业供应链、库存管理

数字经济时代,企业不仅关注生产过程的优化,还致力于供应链、库存等关键环节的精细化管理。大数据、人工智能等技术手段的应用,为企业提供了全新的管理视角和工具。在供应链管理方面,企业利用大数据技术分析市场需求、供应商绩效等多维度数据,实现供应链的透明化和可追溯性。这有助于企业及时发现潜在风险,优化选择供应商,确保供应链的稳定性和可靠性。同时,通过智能合约等区块链技术,企业可以进一步降低供应链交易成本,提高合作效率。在库存管理方面,数字经济使得企业能够实现库存的精准控制。通过实时分析销售数据、生产计划和市场需求等信息,企业可以准确预测库存需求,避免库存过多或缺货现象的发生。这种精细化的库存管理不仅降低了运营成本,还提高了客户服务水平。

(三)数字经济提升企业服务效率与客户体验

数字经济时代,企业不仅关注内部运营效率的提升,还更加注重客户服务质量的优化。通过利用大数据、人工智能等技术手段,企业能够更深入地了解客户需求,提供个性化、高效的服务。在客户服务方面,企业利用大数据分析客户行为、偏好和反馈等信息,构建客户画像,为客户提供定制化的产品和服务。同时,通过智能客服系统、在线聊天机器人等工具,企业能够实时响应客户咨询和投诉,提高服务效率。这种即时、个性化的服务方式极大地提升了客户满意度和忠诚度。此外,数字经济还使得企业能够拓展服务渠道和方式。通过移动应用、社交媒体等平台,企业可以与客户建立更紧密的联系,提供便捷、高效的服务体验。这种全渠道的服务模式不仅满足了客户多样化的需求,还为企业开辟了新的增长点。

四、改变商业模式企业管理模式和组织模式

(一)数字经济驱动企业管理模式革新

在数字经济下,传统层级分明、信息流通不畅的管理模式已逐渐被网络化和扁平化的新模式所取代。数字化工具的应用,如企业内部通信平台、项目管理软件等,极大地提升了内部沟通和协作的效率。员工不再受限于地理位置和层级关系,可以跨越部门,甚至跨越企业进行实时协作,共同解决问题,推动项目进展。这种管理模式的革新,不仅加快了信息流通的速度,还提高了决策的快速性和准确性。管理层可以实时获取一线数据,对市场变化做出迅速反应,制订更加精准的战略计划。同时,数字化工具还提供了数据分析功能,帮助企业更好地了解市场动态、客户需求和员工绩效,为决策提供了有力的数据支持。此外,数字经济还推动了企业文化的转变。网络化和扁平化的管理模式强调开放、共享和协作,鼓励员工积极参与决策过程,提出创新想法。这种企业文化的转变,不仅激发了员工的创造力和工作热情,还增强了企业的凝聚力和竞争力。

(二)数字化工具重塑企业组织模式

数字经济的兴起,不仅改变了企业的管理模式,还重塑了企业的组织模式。传统金字塔式的组织结构已逐渐让位于更加灵活、高效的扁平化组织。在扁平化组织中,层级减少,信息流通更加顺畅,员工拥有更多的自主权和决策权。而数字化工具的应用,如云计算、大数据、人工智能等,为企业组织模式的变革提供了技术支持。企业可以利用这些技术,实现业务流程的自动化和智能化,提高工作效率和质量。数字化工具还促进了企业内部的跨部门协作,打破了信息孤岛,形成了更加紧密、协同的工作体系。此外,扁平化的组织模式还促进了企业的创新和变革。员工更加接近市场和客户,能够更快地感知市场需求和变化,提出创新性的产品和服务。同时,扁平化的组织模式也鼓励员工积极参与企业决策过程,为企业的战略发展提供多元化的视角和建议。

（三）数字技术促进企业间跨界融合

数字经济时代，数字技术的应用不仅改变了企业的内部管理模式和组织模式，还促进了企业间的深度合作与跨界融合。通过数字平台，企业可以跨越行业界限，与其他企业进行资源共享、优势互补，共同开发新产品、新市场。这种跨界融合的形式多种多样，可以是产业链上下游企业的合作，也可以是不同行业企业之间的联合创新。例如，科技企业与传统制造业企业合作，推动智能制造的发展；零售企业与物流企业合作，实现供应链的优化和管理。这些跨界融合的合作模式，不仅拓宽了企业的业务范围和市场空间，还提高了企业的创新能力和竞争力。同时，数字技术还促进了企业间生态系统的形成。在数字经济时代，企业不再是孤立的存在，而是成为生态系统中的一部分。企业通过数字平台与其他企业、客户、供应商等各方进行互动和协作，共同创造价值。这种生态系统的形成，不仅提高了企业的适应性和灵活性，还促进了整个行业的创新和发展。

五、实现商业模式精准营销和个性化服务

（一）数字经济时代下的精准营销创新

在数字经济中，企业营销正经历着前所未有的变革。大数据与人工智能技术的结合，为企业提供了前所未有的精准营销能力。企业不再盲目地进行市场推广，而是能够深入挖掘和分析消费者的购物历史、浏览行为等海量数据。这些数据是企业宝贵的资产，它们揭示了消费者的偏好、需求和购买习惯。通过对这些数据的细致分析，企业能够洞察消费者的内心世界，制定出更为精准的营销策略。无论是广告投放的时机、内容还是渠道，都能根据消费者的特点进行个性化定制，从而提高广告的转化率，让每一分营销投入都能产生最大的回报。精准营销不仅提升了营销效率，还增强了企业与消费者之间的互动。消费者不再感受到被广告轰炸的烦恼，而是能够接收到真正符合自己需求的信息，这大大提升了消费者的购物体验。对于企业来说，精准营销更是一种竞争力的体现，它能够帮助企业在激烈的市场竞争中脱颖而出，赢得更多

消费者的青睐。

（二）个性化服务是数字经济时代的服务新方式

数字经济时代,借助大数据和人工智能技术,企业能够深入了解每一位用户的独特需求和偏好。通过分析用户的购物历史、浏览记录、社交互动等多维度数据,企业能够构建出用户的全面画像。这幅画像不仅反映了用户的消费习惯,还揭示了用户的潜在需求和期望。基于这幅画像,企业能够提供量身定制的产品和服务,满足用户的个性化需求。个性化服务不仅提升了用户的满意度,还增强了用户的忠诚度。当用户感受到企业对自己的关注和重视时,他们更愿意选择这家企业作为长期合作伙伴。这种基于信任和情感的连接,是企业最宝贵的财富。通过个性化服务,企业能够建立起与用户的深厚关系,共同创造更多的价值。

（三）数字化技术是精准营销与个性化服务的双引擎

在数字经济时代,大数据提供了丰富的数据资源,为企业深入了解消费者提供了可能。人工智能技术则能够对这些数据进行深度挖掘和分析,揭示出隐藏的规律和趋势。大数据与人工智能技术的结合,让企业能够以前所未有的方式了解消费者。这种了解不是停留在表面层面,而是深入到消费者的内心世界和需求背后。企业能够根据消费者的特点和需求,制定出更为精准的营销策略和个性化服务方案。此外,随着技术的不断进步和应用场景的不断拓展,大数据与人工智能技术在精准营销和个性化服务领域的应用将越来越广泛。企业将能够更加深入地了解消费者,提供更加符合消费者需求的产品和服务。这将推动商业模式的不断创新和发展,为消费者带来更加美好的购物体验。

六、优化商业模式物流行业

（一）数字技术助力物流行业智能化升级

数字经济背景下,数字技术的应用,为物流行业带来了智能化的升级。通过物联网、大数据、人工智能等技术,物流企业可以对物流过程进行全程监控和管理,提高物流的可见性和可控性。智能化技术的应用,还让物流变得更加高效。例如,通过智能调度系统,物流企业可以实时优化运输路线和配送计划,减少空驶和等待时间,提高运输效率。同时,智能仓储系统的应用,也实现了货物的自动化存储和检索,提高了仓储效率。此外,数字技术还促进了物流行业的服务创新。物流企业可以利用数字技术,为客户提供更加个性化、定制化的物流服务。例如,通过大数据分析客户需求和行为习惯,为客户提供精准的物流解决方案和增值服务。这种服务创新,不仅提升了客户的满意度和忠诚度,还为物流企业带来了新的增长点。

(二)数字经济推动物流行业自动化发展

在数字经济的推动下,物流行业正朝着自动化的方向迈进。自动化技术的应用,不仅提高了物流作业的效率和质量,还降低了人力成本和安全风险。例如,在仓储环节,自动化立体仓库、自动导引车等自动化设备的应用,实现了货物的自动存储、检索和搬运。在运输环节,无人驾驶车辆、无人机等自动化运输工具的应用,也为物流行业带来了新的变革。这些自动化技术的应用,不仅提高了物流作业的速度和准确性,还减少了人为因素导致的错误和事故。同时,数字经济还为物流行业的自动化发展提供了强大的技术支持。通过云计算、大数据等技术,物流企业可以对自动化设备进行远程监控和管理,确保设备的正常运行和及时维护。这种技术支持,为物流行业的自动化发展提供了有力的保障。

第三章　数字经济时代的消费者行为变化

第一节　数字化消费者特征分析

一、信息获取方式的转变

(一)数字经济时代下的信息获取新态势

在数字经济时代,消费者的信息获取方式发生了翻天覆地的变化。数字化消费者展现出高度的自主性和便捷性,在信息获取上不再受限于传统的广告、电视、报纸等媒体渠道。相反,他们更倾向于利用互联网这一广阔平台,通过搜索引擎、社交媒体、在线论坛等多种渠道,随时随地获取所需的产品和服务信息。这种信息获取方式的转变,使得消费者能够更加主动地掌握市场动态,对比不同品牌和产品的优缺点。他们不再被动地接受企业传递的信息,而是主动地搜索、筛选、分析,从而做出更加明智的购买决策。这种自主性和便捷性不仅提升了消费者的购物体验,也对企业提出了更高的要求。而为了吸引消费者的注意力和信任,企业必须在营销传播上更加注重内容的真实性和吸引力。虚假宣传和夸大其词已经难以打动如今的数字化消费者,他们更加看重信息的客观性和实用性。因此,企业必须提供真实、准确、有用的信息,才能赢得消费者的认可和信赖。

(二)数字化消费者信息获取渠道的多元化

数字经济时代,除了传统的媒体渠道外,互联网成为他们获取信息的主要来源。搜索引擎作为互联网的入口,为消费者提供了海量的信息资源。他们只需轻轻一点,就能获取到所需的产品信息、用户评价、价格比较等。社交媒体也是数字化消费者获取信息的重要渠道。在社交媒体上,消费者可以关注自己感兴趣的品牌和商家,及时了解他们的最新动态和促销活动。同时,他们还可以与其他消费者进行互动交流,分享购物心得和使用体验。在线论坛和社区也是数字化消费者获取信息的重要场所。在这里,他们可以找到志同道合的朋友,一起探讨产品性能、使用技巧等问题。这种互动交流不仅增强了消费者的购物体验,也提高了他们对产品的认知和信任度。

(三)企业应对信息获取方式转变的策略

面对数字化消费者信息获取方式的转变,企业必须调整自己的营销策略,以适应这种新的市场态势。一方面,企业要注重内容的真实性和吸引力,提供客观、准确、有用的信息,赢得消费者的信任和认可。另一方面,企业要积极拓展信息传播渠道,充分利用互联网、社交媒体、在线论坛等多种渠道,将信息传递给更多的潜在消费者。同时,企业还要注重与消费者的互动交流,及时回应他们的问题和反馈,增强他们的参与感和归属感。而且,企业要不断创新营销手段,利用大数据、人工智能等技术手段,对消费者进行精准画像和个性化推荐,提高他们的购物体验和满意度。

二、购物渠道的多样化

(一)数字经济时代购物渠道的多元化发展

在数字经济时代背景下,随着电商平台的蓬勃兴起,数字化消费者的购物方式已不再局限于实体店面,而是拓展到了更为广阔的线上空间。电脑、手机、平板等智能设备成为消费者随时随地进行购物的新工具,让购物变得更加便捷和高效。电商平台的丰富多样性,为消费者提供了海量的商品选择和比较的机会。无论是服装、家居、电子产品,还是食品、美妆、图书,消费者都能在线上找到心仪的商品。同时,电商平台还通过大数据和人工智能技术,为消费者提供个性化的商品推荐和服务,进一步提升了购物的便捷性和满意度。这种购物渠道的多元化发展,不仅改变了消费者的购物习惯,也对企业的渠道布局提出了新的要求。企业需要紧跟时代步伐,积极拓展线上渠道,与电商平台建立紧密的合作关系,共同打造更加完善的购物生态体系。

(二)线上线下融合消费模式的兴起

在数字经济时代,线上线下融合的消费模式越来越受到数字化消费者的青睐。这种消费模式打破了线上线下的界限,让消费者能够在线上浏览商品信息、下单购买,然后到线下实体店进行体验或取货。线上线下融合的消费模式,为消费者提供了更加灵活多样的购物选择。消费者可以在线上享受便捷的购物体验,在线下实体店感受商品的实物质量和服务品质。这种融合的消费模式,不仅满足了消费者对便捷性和品质感的双重追求,也促进了线上线下渠道的互补和协同发展。而对于企业而言,线上线下融合的消费模式意味着需要更加注重渠道之间的协同和整合。企业需要在线上渠道和线下实体店之间建立紧密的联系和互动机制,确保消费者在不同渠道之间能够享受到一致且优质的购物体验。

(三)企业如何应对购物渠道多样化的挑战

面对购物渠道多样化的挑战,企业需要积极调整策略,以适应市场的变化。一方面,企业要注重线上线下的协同和互补,打造一体化的购物体验。无论是线上渠道还是线下实体店,都要保持品牌形象和服务标准的一致性,让消费者在不同渠道之间能够无缝切换。另一方面,企业要充分利用大数据和人工智能技术,深入了解消费者的购物习惯和需求。通过数据分析,企业可以精准把握消费者的偏好和趋势,为商品开发和营销策略提供有力的支持。而且,企业要积极拓展新的购物渠道和模式,以满足消费者日益多样化的购物需求。无论是电商平台、社交媒体还是新零售模式,企业都要保持开放的心态和创新的思维,不断探索和尝试新的购物方式和渠道。只有这样,企业才能在激烈的市场竞争中立于不败之地,赢得消费者的信任和支持。

三、对个性化和定制化服务的需求增加

(一)数字经济时代下的个性化消费趋势

在数字经济时代,消费者的需求日益多样化,数字化消费者不再满足于千

篇一律的产品和服务,他们更加注重个性化和定制化的体验。这些消费者期望能够根据自己的喜好和需求,来定制独一无二的商品,以满足自己的独特品位。而这种个性化消费的需求,不仅体现在对商品本身的设计和要求上,还体现在对购物过程中的服务体验上。数字化消费者希望企业能够深入了解他们的需求和偏好,为他们提供个性化的推荐和建议。这种个性化的服务,不仅能让消费者感受到企业的用心和关怀,还能增强他们对品牌的忠诚度和黏性。为了满足这种个性化消费的需求,企业必须不断创新产品和服务设计,注重差异化和创新性。通过引入先进的技术和手段,如大数据分析、人工智能等,企业可以更精准地把握消费者的需求和偏好,为他们提供量身定制的产品和服务。

(二)数字化消费者对定制化服务的期待

在数字经济时代,数字化消费者对定制化服务的期待越来越高,不再满足于标准化的产品和服务,而是希望企业能够根据他们的个人喜好和需求,提供定制化的解决方案。这种定制化服务不仅体现在产品的设计和功能上,还体现在服务的流程和体验上。而且数字化消费者期望企业能够深入了解他们的生活方式、消费习惯和价值观,从而为他们提供更加贴合需求的定制化服务。例如,在电商领域,消费者希望平台能够根据他们的浏览历史和购买记录,为他们推荐符合个人喜好的商品;在旅游领域,消费者希望旅行社能够根据他们的兴趣和预算,为他们量身定制旅行线路和服务。为了满足这种定制化服务的需求,企业必须不断提升自身的服务能力和水平。他们需要建立完善的客户数据管理系统,对消费者的需求和偏好进行深度挖掘和分析;他们还需要加强员工培训和技能提升,确保员工能够提供专业、高效的定制化服务。

(三)企业如何应对个性化与定制化服务的需求增加

面对数字化消费者对个性化和定制化服务需求的增加,企业必须积极应对,以满足市场的变化和消费者的期望。一方面,企业需要建立完善的客户数据管理系统,通过收集和分析消费者的数据,深入了解他们的需求和偏好。这些数据不仅可以帮助企业优化产品和服务设计,还可以为企业提供个性化的营销策略和推荐建议。另一方面,企业需要加强产品创新和服务设计的能力。通过引入先进的技术和手段,如 3D 打印、智能制造等,企业可以实现产品的个性化和定制化生产;通过优化服务流程和提升服务质量,企业可以为消费者提供更加贴心、专业的定制化服务。企业还需要加强与消费者的互动和沟通。通过社交媒体、在线论坛等渠道,企业可以与消费者建立更紧密的联系,及时了解他们的反馈和建议,从而不断优化和改进产品和服务。只有这样,企业才能在激烈的市场竞争中脱颖而出,赢得数字化消费者的青睐和忠诚。

四、对购物体验的重视

(一)数字经济时代下的购物体验新诉求

在数字经济时代背景下,数字化消费者对购物体验的重视程度达到了前所未有的高度。他们不再仅仅满足于商品本身的质量和价格,而是更加注重购物过程中的整体感受。这种感受涵盖了从浏览商品、下单购买到收货评价的全链条,每一个环节都可能成为影响消费者决策的关键因素。而且在快节奏的生活中,消费者没有耐心等待缓慢加载的网页,他们期望能够迅速找到并了解所需商品的信息。因此,企业必须优化网站性能,确保页面加载迅速,以提升消费者的浏览体验。同时,简单的支付流程也是数字化消费者所看重的。复杂的支付步骤和烦琐的验证过程会让消费者感到不便,甚至可能导致他们放弃购买。因此,企业需要简化支付流程,提供多种支付方式供消费者选择,并确保支付过程的安全性和便捷性。此外,灵活的退货政策也是提升购物体验的重要环节。消费者在购买商品时,难免会遇到尺寸不合、颜色不符等情况。此时,一个灵活且易操作的退货政策能够让消费者感到更加安心,增强他们对企业的信任感。

(二)购物体验中的便利性与舒适性成为新焦点

在数字经济时代,购物体验的便利性和舒适性成为了数字化消费者关注的焦点。消费者期望在购物过程中能够享受到无缝衔接的服务,从浏览商品到下单支付,再到物流配送和售后服务,每一个环节都能顺畅进行。为了实现这一目标,企业需要不断优化购物流程,减少不必要的步骤和环节。例如,通过智能化推荐系统为消费者提供个性化的商品推荐,让他们能够更快地找到心仪的商品;通过一键下单功能简化购买过程,提高购物效率。同时,企业还需要关注消费者在购物过程中的舒适性。这包括提供清晰的商品信息、高质量的商品图片和视频展示,以及友好的用户界面设计等。这些元素共同构成了消费者购物时的视觉和感官体验,影响着他们对商品的认知和购买意愿。此外,企业还可以通过提供增值服务来提升购物体验的舒适性。例如,为消费者提供免费的包装服务、快速的物流配送以及贴心的售后服务等。这些服务虽然可能增加企业的成本,但却能够赢得消费者的满意度和忠诚度,从而为企业带来长期的回报。

(三)趣味性成为购物体验的新追求

在数字经济时代,随着消费者需求的日益多样化,购物体验的趣味性也成为数字化消费者的新追求。消费者不再仅仅将购物视为一种满足生活需求的行为,而是希望在其中获得乐趣和享受。为了满足消费者的这一需求,企业需要在购物过程中融入趣味元素。例如,通过举办线上互动活动、推出限时折扣和优惠券等方式,激发消费者的参与热情和购买欲望。这些活动不仅能够增加购物的趣味性,还能够提升消费者的购物体验和满意度。同时,企业还可以利用新技术来提升购物体验的趣味性。例如,通过虚拟现实(VR)和增强现实(AR)技术,为消费者提供沉浸式的购物体验。他们可以在虚拟环境中试穿服装、搭配家居,甚至参与互动游戏,从而获得更加真实和有趣的购物体验。

第二节 消费者需求与偏好的数字化表达

一、基于数据驱动的消费者需求与偏好的数字化表达

(一)数据驱动是个性化洞察的基石

在数字经济中,随着大数据技术的飞速发展,企业能够以前所未有的精度

和广度收集消费者的数据痕迹。这些数据来源于消费者在各种渠道上的行为,如浏览网页、搜索信息、进行购买、在社交媒体上互动等。这些数据如同消费者的数字足迹,记录着他们的消费习惯、兴趣所在和生活方式。企业通过对这些数据的整合和分析,可以构建出消费者的个性化画像。这种画像不是简单的标签堆砌,而是基于深度学习和算法模型,对消费者行为模式的全面解读。画像中蕴含了消费者的偏好、需求、购买潜力等宝贵信息,为企业提供了了解消费者的新视角。数据驱动的个性化洞察,使企业能够更深入地了解消费者。它不仅仅关注消费者的显性行为,如购买记录,还深入挖掘消费者的隐性需求,如潜在的兴趣和未满足的需求。这种全方位的洞察,为企业的产品和服务创新提供了源源不断的灵感。

(二)个性化画像,揭示消费者深层特征

个性化画像是数据驱动洞察的直接产物,它是对消费者行为数据的深度挖掘和整合,画像中不仅包含了消费者的基本信息,如年龄、性别、地域等,还揭示了消费者的消费习惯、兴趣偏好、生活方式等深层次的特征。消费习惯是画像中的重要组成部分,它反映了消费者在购买商品或服务时的偏好和倾向。通过分析消费者的购买历史、浏览记录和搜索关键词,企业可以了解消费者对商品类别、品牌、价格区间的偏好,从而为消费者提供更加精准的推荐和服务。兴趣偏好是画像中的另一大亮点,它揭示了消费者在非购买行为中的兴趣和关注点。例如,消费者在社交媒体上的互动行为、内容偏好等,都可以作为兴趣偏好的重要参考。企业可以通过分析这些数据,了解消费者对特定话题、领域或品牌的兴趣程度,从而制定更加有针对性的营销策略。生活方式是画像中更为综合和深层次的特征,它反映了消费者的生活状态、价值观念和消费理念。通过分析消费者的消费习惯、兴趣偏好以及社交媒体上的言论和行为,企业可以窥见消费者的生活方式,从而更好地了解他们的需求和偏好。

(三)精准营销与消费者满意度提升

数据驱动的个性化洞察为企业带来了精准营销的新机遇。通过深入分析消费者的个性化画像,企业能够准确把握消费者的需求和偏好,从而制定更加

有针对性的营销策略。在电商领域,个性化推荐已成为精准营销的重要手段。电商平台通过分析消费者的浏览和购买历史,以及兴趣偏好等信息,能够准确推荐符合消费者需求的商品。这种个性化推荐不仅提高了消费者的购物效率,还增加了平台的销售额和用户黏性。在社交媒体领域,个性化内容推送也成为精准营销的一大亮点。社交媒体平台通过分析用户的内容偏好和互动行为,能够推送符合用户兴趣的内容流。这种个性化内容推送不仅提高了用户的使用体验,还增加了平台的活跃度和用户忠诚度。此外,精准营销的实现,得益于数据驱动的个性化洞察。企业通过对消费者行为的深度分析,能够准确把握消费者的需求和偏好,从而提供更加精准的产品和服务。这种定制化的服务不仅满足了消费者的个性化需求,还提高了消费者的满意度和忠诚度。同时,精准营销也为企业带来了更高的营销效率和投资回报率。通过针对特定消费者群体的精准营销,企业能够降低营销成本,提高营销效果。这种高效、精准的营销方式,正逐渐成为企业竞争的新优势。

二、依托于数字化工具的消费者需求与偏好的数字化表达

(一)在线调查是消费者声音的直接获取渠道

在数字经济时代,在线调查成为企业快速收集消费者意见和建议的重要工具。通过设计精巧的在线问卷,企业能够直接触达目标消费群体,了解他们对产品或服务的真实看法。这种数字化表达方式不仅极大地提高了数据收集的效率,还确保了数据的广泛性和代表性。在线调查可以涵盖产品功能、使用体验、价格敏感度等多个维度,帮助企业全面了解消费者的需求和偏好。同时,在线调查的匿名性也鼓励消费者更真实地表达自己的意见,减少了传统调查方式中可能存在的偏见。企业可以通过定期的在线调查,跟踪消费者偏好的变化,及时调整产品策略和市场定位。此外,在线调查还可以与社交媒体、电商平台等渠道结合,进一步扩大数据收集的范围和深度,为企业决策提供更加全面的数据支持。

(二)消费者满意度的直接反馈机制

用户反馈系统是数字化时代企业获取消费者需求与偏好的关键途径。在

购买或使用产品后,消费者可以通过用户反馈系统直接表达他们的感受和建议。这种即时反馈机制不仅让消费者感受到了被重视和尊重,也为企业提供了宝贵的改进方向。用户反馈系统可以设计成多种形式,如在线评价、客服聊天窗口、用户社区等,以满足不同消费者的表达习惯。企业通过分析这些反馈数据,可以及时了解产品在使用过程中存在的问题和不足,从而快速进行迭代和优化。同时,用户反馈系统还可以作为企业与消费者之间沟通的桥梁,增强消费者的参与感和忠诚度。通过不断优化用户反馈系统,企业可以建立更加紧密的消费者关系,提升品牌形象和市场竞争力。

(三)消费者需求与偏好的深度挖掘

数据分析平台和人工智能算法的应用,将消费者需求与偏好的数字化表达推向了新的高度。数据分析平台能够对企业收集到的海量数据进行深度的挖掘和分析,揭示出消费者需求与偏好的趋势和变化。通过对消费者评论、评分、购买行为等数据的综合分析,企业可以了解产品在不同方面的表现,以及消费者对产品改进的具体建议。而人工智能算法的应用,则使这种分析更加智能化和自动化。算法可以自动识别消费者的需求模式,预测未来的消费趋势,为企业决策提供前瞻性的指导。同时,人工智能算法还可以根据消费者的个体特征,提供个性化的产品推荐和服务,提升消费者的购物体验和满意度。通过数据分析平台和人工智能算法的结合应用,企业能够快速响应市场的变化,满足消费者的多元化需求,保持市场竞争优势。

三、消费者需求与偏好的主动式、顺应式、被动式数字化

(一)主动式消费者数字化转型

在数字化消费变革中,一部分消费者以其敏锐的洞察力,主动拥抱这一变革,形成了主动式消费者数字化转型的模式。这部分消费者以 30 岁以下的年轻群体为主,他们被称为"Z 世代消费者"。Z 世代消费者在互联网的熏陶下成长,对数字化消费有着天然的亲和力和接受度。由于年龄和收入水平的制约,Z 世代消费者的消费对象更多集中在快消品领域。他们偏好精神消费和

标签消费,注重产品的品质和数据的真实性。这种消费观念和生活态度使得他们在数字化消费中更加活跃,更愿意尝试新的数字化产品和服务。他们通过社交媒体、电商平台等数字化渠道,表达自己的需求和偏好,影响着市场的走向。而Z世代消费者的主动式数字化转型,不仅推动了数字化消费的发展,也为市场带来了新的机遇和挑战。企业需要密切关注这部分消费者的需求和变化,不断创新产品和服务,以满足他们的数字化消费需求。同时,企业也需要通过数字化渠道与Z世代消费者建立更加紧密的联系,了解他们的声音和反馈,为市场的持续发展提供动力。

(二)顺应式消费者数字化转型

在数字化消费中,有 部分消费者选择了顺应式的数字化转型模式。这部分消费者主要以30~60岁的中年群体为主,他们被称为"Y世代消费者"。Y世代消费者具有更强的消费购买力,消费对象从快消品到耐用消费品均有涉及。Y世代消费者承担着育儿、住房及购车等多方面的压力,他们更加追求有品质的生活。数字化消费为他们提供了实现品质化消费的可能。当数字化浪潮来临时,Y世代消费者选择了顺应这一变革,迈开数字化转型的步伐。他们通过数字化渠道了解产品信息、比较价格、进行购买决策,享受着数字化消费带来的便捷和高效。企业的数字化转型也需要顺应Y世代消费者的需求和变化。企业需要提供更加个性化、差异化的产品和服务,满足Y世代消费者的品质化消费需求。同时,企业也需要通过数字化渠道与Y世代消费者建立更加紧密的联系,了解他们的需求和反馈,不断优化产品和服务,提升市场竞争力。

(三)被动式消费者数字化转型

在数字化消费中,有一部分消费者并未真正主动感知到数字化转型的信号,而是随着现实生活等一系列改变的出现而被动进行数字化转型。这部分消费者主要以60岁以上的老年群体为主,他们被称为"银发一族消费者"。银发一族消费者由于缺乏信息的可及性和使用能力,无法跟上数字转型的进程。而随着数字化在社会经济生活的不断渗透,餐厅、公共交通工具支付等均已实现扫码支付等数字化方式。这使得银发一族消费者不得不采取数字化支付等方式去进行正常消费,从而被动接受了数字化转型。虽然银发一族消费者的数字化转型是被动的,但企业仍然需要关注他们的需求和变化。企业需要提供更加简便、易用的数字化产品和服务,降低他们的使用门槛。同时,企业也需要通过线下渠道、社区活动等方式与银发一族消费者建立联系,了解他们的需求和反馈,为他们提供更加贴心的服务。只有这样,企业才能在数字化消费的市场中赢得更广泛的消费者群体。

四、企业引导与消费者参与共促需求偏好的数字化表达

(一)企业引导是消费者需求与偏好数字化表达的前提

1. 平台型企业与数字化消费工具的推动

在数字化时代,平台型企业研发并推出了如淘宝、京东、拼多多等一系列购物 App,为传统消费者向数字化消费者的转型提供了强有力的数字化消费工具。这些工具的出现,极大地改善了消费的效用,使得那些主动寻求转型的消费者能够迅速抓住机遇,成为数字化转型的先行者。这些先行者与平台型企业保持着密切的互动,他们不断使用数字化消费工具,为平台提供了大量的消费数据。这些数据对于平台型企业来说至关重要,因为它们可以基于这些数据不断完善和优化数字化消费工具,使其更加便捷、智能。随着数字化消费工具的不断完善,那些原本顺应转型或被动转型的消费者也逐渐被吸引,开始尝试并使用这些工具,从而推动了全社会消费者共同迈向数字化转型之路。而平台型企业的这一举措,不仅促进了消费者数字化转型的进程,也为自身带来了更多的商业机遇。通过数字化消费工具,平台型企业能够更准确地了解消费者的需求和偏好,从而为消费者提供更加个性化、定制化的产品和服务。这种以消费者为中心的商业模式,使得平台型企业在数字化时代中保持了强大的竞争力。

2. 消费品企业与数字化支付服务商的助力

在消费者需求与偏好的数字化表达中,消费品企业建立了以消费者为中心的数字化转型商业模式,围绕消费者的核心需求进行产品与服务的研发生

产。同时,消费品企业还借助第三方平台或自营小程序等线上渠道,将产品与服务上线供消费者选择,为传统消费者转型成为数字化消费者提供了丰富的数字化消费对象。此外,数字化支付服务商也为数字化消费提供了不可或缺的支付工具。线上支付、线下二维码支付等支付方式的普及,使得数字化消费能够更加便捷地完成最终交易订单支付。特别是"先买后付"这一新型支付工具的出现,更是受到了主动转型消费者的青睐。在主动转型消费者的示范带动下,顺应转型与被动转型的消费者也逐渐开始尝试并使用这些数字化支付工具。他们体验到数字支付带来的消费便利,逐渐形成了对数字化消费的依赖和习惯。这一过程不仅促进了消费者数字化转型的深入发展,也为消费品企业和数字化支付服务商带来了更多的商业机遇和发展空间。

(二) 消费者参与是消费者需求与偏好数字化表达的核心

1. 消费者参与是推动需求与偏好数字化表达的核心动力

在数字化时代,消费者的参与成为推动需求与偏好数字化表达的核心动力。企业为消费者数字化转型提供了全方位的数字化消费工具、丰富的消费产品与服务以及便捷的支付工具,这些举措为消费者的数字化生活奠定了坚实的基础。特别是在互联网浪潮中成长起来的主动转型消费者,他们凭借对数字技术的先天优势和敏锐洞察力,毫不犹豫地拥抱了数字化消费,享受着其种种便利和效用提升。平台企业在这一过程中发挥了至关重要的作用,它们不仅提供了数字化消费的平台,还通过中间信任保障的技术服务,为消费者数字化转型铺平了信任之路。以淘宝平台为例,消费者在平台上下单后,支付的消费资金会通过支付宝进行暂存,待消费者确认收到商品和服务无误后,资金才会转给商家。这一机制极大地保障了消费者的权益,增强了他们对数字化消费的信心。此外,主动转型消费者的深度参与,不仅为企业提供了宝贵的消费者行为数据,还通过他们的示范带动,促进了顺应转型消费者的逐步转型。这些主动转型的消费者在数字化消费中积极尝试、勇于探索,为顺应转型消费者树立了榜样,激发了他们对数字化消费的兴趣和热情。

2. 三类消费者共筑数字化转型主体,消费者参与助力市场繁荣

在主动转型消费者的引领下,顺应转型消费者也逐渐加入到数字化消费的行列中来。他们通过观察、学习和模仿主动转型消费者的行为,逐步体验到数字化消费的优势,并开始积极尝试各种数字化消费工具和产品。这一过程中,主动转型消费者和顺应转型消费者形成了合力,共同推动数字化消费的普及和发展。同时,一些消费习惯固化、学习能力不强的被动转型消费者,也在社会潮流的影响下,开始接触和尝试数字化消费。他们虽然起初对数字化消费持观望态度,但在看到身边越来越多的人享受到数字化消费带来的便利后,也逐渐被吸引并加入到这一行列中来。主动转型消费者、顺应转型消费者和被动转型消费者共同筑就成了消费者数字化转型的主体。他们的参与不仅推动了数字化消费的快速发展,还为市场带来了更多的活力和创新。消费者参与的深度和广度,直接决定了消费者需求与偏好数字化表达的程度和效果,也为企业的数字化转型和市场拓展提供了广阔的空间和机遇。

第三节　消费者决策过程的数字化转型

一、购物决策过程的数字化

(一)个性化推荐

1. 大数据赋能消费者画像构建

在消费者决策过程的数字化转型中,企业利用大数据技术,能够全面、深入地收集和分析消费者的各种信息,包括历史购买记录、浏览足迹、搜索关键词、社交媒体互动等。这些信息如同拼图碎片,被巧妙地组合在一起,构建出详尽的消费者画像。消费者画像不仅包含了消费者的基本信息,如年龄、性别、地域等,还揭示了消费者的消费习惯、偏好、兴趣点以及潜在需求。这种细粒度的刻画,使企业能够更准确地了解每一位消费者,为后续的个性化推荐奠定坚实基础。基于消费者画像,企业能够实施精准的营销策略。例如,电商平台会根据用户的浏览历史和购买记录,智能地在首页展示相关商品推荐。这些推荐商品往往与消费者的兴趣和需求高度契合,从而极大地提升了购物体验和转化率。大数据技术的运用,使消费者决策过程更加数字化、智能化,也为企业带来了更多的商业机遇。此外,大数据还能够帮助企业发现消费者行为的趋势和规律。通过对大量数据的挖掘和分析,企业可以洞察市场热点、消费潮流以及潜在的市场机会。这些信息对于企业的产品研发、市场营销以及战略规划都具有重要的指导意义。

2. 人工智能算法驱动个性化推荐

在消费者决策过程的数字化转型中,人工智能算法是实现个性化推荐的关键技术。通过深度学习、机器学习等先进算法,企业能够对消费者画像进行深度挖掘和分析,从而更准确地预测消费者的需求和偏好。人工智能算法能够根据消费者的历史行为数据,识别出消费者的购买模式和兴趣点。例如,当消费者在电商平台上浏览了某款商品后,算法会立即捕捉到这一行为,并根据消费者的浏览历史、购买记录等信息,智能地推荐相关或相似的商品。个性化推荐不仅提高了消费者的购物效率,还增强了消费者的购物体验。消费者不再需要花费大量时间在海量商品中筛选和比较,而是能够直接获取符合自己需求和偏好的商品推荐。这种便捷、高效的购物方式,深受消费者的喜爱和追捧。同时,人工智能算法还能够不断优化和升级个性化推荐系统。通过持续学习和迭代,算法能够更准确地捕捉消费者的需求和变化,为消费者提供更加精准、个性化的商品推荐。这种智能化的推荐方式,不仅提升了消费者的满意度和忠诚度,也为企业带来了更多的销售额和市场份额。

3. 数字化转型促进购物决策智能化

随着消费者决策过程的数字化转型不断深入,购物决策也变得越来越智能化。企业利用大数据分析和人工智能算法,为消费者提供了更加个性化、便捷的购物体验。在数字化转型的推动下,消费者能够随时随地通过手机、电脑等终端设备访问电商平台,浏览和购买商品。这种便捷的购物方式,使消费者能够随时随地满足自己的购物需求,不再受到时间和地点的限制。同时,数字化转型还使消费者能够更轻松地获取商品信息和评价。通过搜索引擎、社交媒体等渠道,消费者可以迅速了解商品的性能、价格、用户评价等信息,从而做出更加明智的购物决策。此外,数字化转型还促进了消费者与品牌之间的互动和交流。消费者可以通过在线客服、社交媒体等渠道与品牌进行实时沟通,提出自己的疑问和建议。这种双向互动的交流方式,增强了消费者的参与感和归属感,也使企业能够更好地了解消费者的需求和反馈。

(二)便捷的购物流程

1. 数字化工具重塑购物体验,流程简化再升级

在消费者决策过程的数字化转型中,数字化工具成为购物体验的重要推手。如今,消费者只需轻轻点击手机屏幕,就能通过各类购物应用或网站,完成商品搜索、浏览、比较等一系列操作。这种便捷性极大地节省了消费者的时间和精力,使得购物不再受限于时间和空间。数字化工具不仅提供了丰富的商品信息,还通过智能算法为消费者推荐个性化商品,让购物变得更加精准和高效。在下单环节,消费者只需简单几步操作,就能完成订单提交,无须再排队等待或填写烦琐的表格。支付过程也变得更加安全快捷,各种移动支付方式的普及,让消费者可以随时随地完成支付,享受即刻购物的乐趣。此外,数字化工具还为消费者提供了便捷的售后服务。通过智能客服系统,消费者可以 24 小时不间断地获得帮助和解答,无论是商品咨询、订单查询还是退换货问题,都能得到及时响应和处理。这种全天候的服务模式,进一步提升了消费者的购物体验,使得购物流程更加顺畅和无忧。

2. 手机应用与网站成为购物新渠道,决策过程数字化

随着智能手机的普及和互联网的发展,手机应用和网站成为消费者购物的新渠道。这些数字化平台不仅提供了海量的商品信息,还通过优化的界面设计和用户体验,使得消费者能够轻松完成购物决策。在手机应用上,消费者可以随时随地浏览商品、查看评价、比较价格,甚至参与互动活动。这种即时性的购物方式,让消费者能够随时掌握商品动态,做出更加明智的购买决策。网站提供了更加全面和详细的商品信息,消费者可以通过搜索引擎快速找到所需商品,并通过详细的商品描述和用户评价,了解商品的性能和品质。数字化平台还通过智能算法和数据分析,为消费者提供个性化的购物推荐。在决策过程中,消费者可以根据数字化平台提供的信息和建议,做出符合自己需求和偏好的购买决策。

3. 智能客服系统助力购物流程,决策支持全天候

在消费者决策过程的数字化转型中,作为数字化购物流程的重要组成部分,智能客服系统不仅提供了 24 小时不间断的服务,还通过人工智能技术和大数据分析,为消费者提供了更加精准和个性化的决策支持。智能客服系统能够实时响应消费者的咨询和问题,无论是商品信息、订单状态还是售后服务,都能得到及时解答和处理。这种即时性的服务模式,让消费者在购物过程中更加安心和放心。同时,智能客服系统还能根据消费者的历史行为和偏好,提供个性化的购物建议和推荐,帮助消费者做出更加明智的购买决策。此外,智能客服系统还具备自我学习和优化的能力。通过不断分析和总结消费者的咨询问题和反馈意见,智能客服系统能够不断完善自己的知识库和算法模型,提供更加准确和高效的决策支持。这种智能化的服务模式,不仅提升了消费者的购物体验,还增强了消费者对数字化购物流程的信任和依赖。

(三)增强的互动性

1. 社交媒体成为互动新舞台

在消费者决策过程的数字化转型中,社交媒体平台成为消费者与品牌互动的新舞台。这些平台不仅提供了丰富的信息内容,还为消费者创造了一个分享购物体验、评价产品的空间。消费者在这里可以畅所欲言,发表对商品的真实感受,无论是赞美还是批评,都为其他消费者提供了宝贵的参考。而且,社交媒体的互动性极大地增强了消费者的参与感。以往,消费者在购买商品后,往往只能通过私下交流或口碑传播来分享自己的体验。而现在,他们可以在社交媒体上发布图文并茂的评价,甚至通过视频展示商品的使用效果,让更多人直观地了解商品的真实情况。这种公开、透明的互动方式,不仅促进了信息的快速传播,也增强了消费者对品牌的信任感。同时,社交媒体还为品牌提供了与消费者直接沟通的渠道。品牌可以通过社交媒体平台发布最新产品信息、促销活动,甚至邀请消费者参与线上讨论和活动。这种双向互动的交流模式,让消费者感受到了品牌的关注和尊重,也加深了他们对品牌的认同感和忠诚度。

2. 在线社区促进消费者交流

在线社区是消费者决策过程数字化转型中的一个重要组成部分。这些社区通常围绕特定主题或兴趣点建立,聚集了大量具有相同爱好或需求的消费者。在这里,消费者可以自由地分享购物心得、比较不同产品、讨论使用技巧,甚至发起团购或二手交易。在线社区的互动性极大地促进了消费者之间的交流。消费者可以在这里找到志同道合的朋友,一起探讨购物过程中的种种问题。同时,在线社区还为消费者提供了一个了解产品真实情况的重要途径。在社区中,消费者可以阅读其他用户的真实评价和使用体验,从而更全面地了解产品的优缺点。这种来自同龄人的评价,往往比官方宣传更具说服力,对消费者的购买决策产生重要影响。此外,在线社区还为品牌提供了宝贵的市场反馈。品牌可以通过观察社区中的讨论和评价,了解消费者对产品的真实看法和需求,从而及时调整产品策略和优化服务。这种基于消费者反馈的改进,不仅提升了产品的市场竞争力,也增强了消费者对品牌的信任和满意度。

3. 互动性推动购物决策数字化

在消费者决策过程的数字化转型中,增强的互动性起到了至关重要的推动作用。社交媒体和在线社区等平台的出现,让消费者能够更便捷地与其他消费者和品牌进行互动,从而更全面地了解产品信息和市场动态。这种互动性不仅增强了消费者的参与感和归属感,还让他们在购买决策时更加自信和明智。消费者可以通过阅读其他用户的评价和使用体验,更准确地判断产品的性能和价值。同时,他们也可以参与到品牌的讨论和活动中,更深入地了解品牌的理念和价值观。此外,互动性还促进了购物流程的数字化。消费者可以通过社交媒体和在线社区等平台,直接链接到电商网站进行购买。这种无缝连接的购物体验,让消费者能够更便捷地完成购买流程,提升他们的购物满意度和忠诚度。

二、决策过程的智能化

(一)智能辅助决策

1. 数字化工具助力价格比较

在如今的消费市场中,价格往往是消费者购买决策中的重要考量因素。为了帮助消费者更高效地做出选择,各种数字化比价工具应运而生。这些工具通过爬取不同电商平台上的商品信息,将同一商品在不同平台的价格进行汇总和对比,让消费者能够一目了然地看到价格差异。使用比价工具,消费者可以轻松地在多个平台之间切换,无须逐一访问每个网站去查询价格。这不仅节省了时间,还提高了购物效率。比价工具通常会提供详细的商品信息和用户评价,帮助消费者更全面地了解商品的性能和质量。除了价格比较,一些比价工具还提供价格走势图,让消费者能够观察到商品价格的历史变化,从而预测未来的价格趋势。这对于那些希望等待最佳购买时机的消费者来说,无疑是一个极大的便利。数字化比价工具的出现,使得消费者在购买决策过程中能够更加理性地分析价格因素,做出更明智的选择。此外,比价工具还促进了市场竞争。电商平台为了吸引消费者,会不断调整价格策略,提供更具竞争力的价格。这种竞争机制不仅有利于消费者,而且推动了整个电商行业的健康发展。

2. 增强现实技术提升购物体验

随着科技的进步,增强现实(AR)技术逐渐应用于消费领域,为消费者的购买决策过程带来了全新的体验。AR 技术通过模拟真实场景,让消费者在购买前能够虚拟试穿服装或试用产品,从而更直观地感受商品的效果。在服装行业,AR 试衣间已经成为一种新兴的趋势。消费者只需通过手机或平板电脑的摄像头,就能将自己的形象与虚拟服装进行叠加,实现即时试穿效果。这种无须实际试穿的购物方式,不仅节省了时间,还避免了因尺寸不合或款式不喜欢而产生的退换货麻烦。除了服装,AR 技术还应用于家居、美妆等领域。消费者可以在购买家具前,通过 AR 技术将虚拟家具放置在真实家居环境中,查看搭配效果。在美妆方面,AR 试妆功能让消费者能够轻松尝试不同妆容,找到最适合自己的风格。AR 技术的应用,极大地提升了消费者的购物体验。它不仅让消费者在购买前能够更准确地了解商品的效果,还激发了消费者的购买欲望。这种创新性的购物方式,正逐渐成为未来消费的主流趋势。

3. 智能辅助决策推动消费升级

在数字化时代,智能辅助决策工具的应用正逐渐改变消费者的购买行为。从比价工具到增强现实技术,这些工具不仅提高了购物效率,还提升了购物体验,推动了消费升级。智能辅助决策工具让消费者在购买过程中能够更加自主地选择商品。通过比价工具,消费者可以轻松地找到性价比最高的商品;通过 AR 技术,消费者可以在购买前直观地感受商品的效果。这种自主性的提升,使得消费者在购买决策过程中更加自信和明智。同时,智能辅助决策工具还促进了个性化消费的发展。电商平台可以根据消费者的购物习惯和偏好,推荐符合其需求的商品。这种个性化的推荐方式,不仅提高了消费者的满意度,还增强了消费者对平台的忠诚度。

(二)用户评价的参考

1. 在线评价成为消费者决策的新风向标

在消费者决策过程的数字化转型中,随着互联网的普及和电商平台的兴起,消费者不再局限于传统的购物模式,而是更倾向于在线上寻找心仪的商品。面对琳琅满目的商品选择,消费者如何判断产品的真实质量和性能呢?这时,在线评价就发挥了举足轻重的作用。消费者在购买前,往往会仔细阅读其他用户的评价和反馈,通过这些真实的使用体验,了解产品的实际效果和潜在问题。好评如潮的产品往往更容易获得消费者的青睐,而差评较多的产品则会让消费者望而却步。在线评价不仅提供了产品的基本信息,还揭示了产品在实际使用中的细节和注意事项,帮助消费者做出更加明智的购买决策。同时,在线评价的多样性也为消费者提供了更全面的参考。不同消费者对同一产品的评价可能各不相同,有的注重性能,有的关注外观,还有的看重性价比。这些多元化的评价让消费者能够从多个角度了解产品,从而做出更符合自己需求的决策。

2. 用户评价助力企业洞察市场需求

在线评价不仅为消费者提供了决策依据,还为企业提供了宝贵的市场信息。企业通过收集和分析用户评价,可以深入了解消费者对产品的真实感受和需求痛点,从而及时调整产品策略,满足市场需求。用户评价中蕴含的大量数据,是企业进行产品改进和创新的宝贵资源。通过对评价内容的细致分析,企业可以发现产品存在的问题和不足,进而有针对性地进行改进和优化。同时,用户评价还能反映消费者对新产品功能的期待和偏好,为企业研发新产品提供灵感和方向。此外,用户评价还是企业衡量产品市场表现的重要指标。好评率的高低直接反映了消费者对产品的认可程度和市场接受度。企业可以通过监测评价数据的变化,及时调整营销策略,提升产品竞争力和市场份额。

3. 企业与消费者共筑评价生态,提升用户决策精准化

在线评价作为消费者决策过程中的重要参考因素,其准确性和可靠性至关重要。为了确保评价的真实性和客观性,企业需要与消费者共同努力,共筑一个健康、公正的评价生态。对此,企业应加强对评价内容的审核和管理,确保评价的真实性和有效性。对于恶意刷单、虚假评价等违规行为,企业应严厉打击,维护评价的公正性和权威性。同时,企业还应鼓励消费者发表真实、客观的评价,为其他消费者提供有价值的参考信息。消费者也应积极参与评价过程,发表自己的真实感受和意见。通过分享使用体验,消费者不仅可以帮助其他消费者做出决策,还能为企业提供宝贵的反馈和建议。这种双向互动的评价模式,有助于促进企业与消费者之间的沟通和理解,提升用户满意度和忠诚度。

第四节　消费者关系管理的数字化策略

一、品牌与消费者关系的重塑

(一)数字经济时代下的品牌与消费者互动变革

1. 单向传播向双向互动的转变

在数字经济时代,品牌与消费者之间的关系经历了深刻的变革。在传统模式下,品牌通过广告、电视、广播等媒介向消费者进行单向传播,消费者被动接受信息,缺乏与品牌的直接互动渠道。随着数字化技术的迅猛发展,社交媒体、电子邮件、微信公众号、短信等新型沟通工具的出现,彻底打破了这一传统模式。如今,品牌可以通过这些数字化渠道与消费者建立直接的联系,实现双向互动。品牌不再只是信息的发布者,更是消费者需求的倾听者和反馈的接收者。消费者可以通过评论、点赞、分享、私信等方式,及时表达自己对品牌的看法和感受,品牌则能够迅速响应,及时调整策略,满足消费者的需求。这种双向互动的模式不仅增强了消费者的参与感和归属感,还使得品牌能够更加深入地了解消费者的需求和偏好。

2. 社交媒体成为品牌与消费者互动的主阵地

在数字经济时代,社交媒体成为品牌与消费者互动的主阵地。微博、微信、抖音、小红书等社交媒体平台拥有庞大的用户群体和高度活跃的社交氛围,为品牌提供了与消费者互动的广阔舞台。品牌可以通过在社交媒体上发布有趣、有价值的内容,吸引消费者的关注。同时,通过设置话题、发起挑战、举办线上活动等方式,引导消费者参与互动,增强品牌与消费者之间的黏性和互动性。此外,社交媒体还为品牌提供了与消费者进行一对一沟通的渠道,使得品牌能够更加精准地了解消费者的需求和反馈。而且社交媒体的互动性、即时性和广泛性,使得品牌能够更加高效地与消费者建立联系,传递品牌信息,提升品牌形象。通过社交媒体上的互动,品牌还能够及时发现并解决消费者的问题,提升消费者的满意度和忠诚度。

(二)数字化互动对品牌与消费者关系的深远影响

1. 增强消费者忠诚度

在传统模式下,消费者与品牌之间的联系较为松散,消费者容易因为价格、品质等因素转移品牌忠诚度。而在数字经济时代,通过数字化互动,品牌能够与消费者建立更加紧密的联系。品牌通过持续与消费者互动,了解他们的需求和反馈,及时调整产品和服务,满足消费者的期望。这种以消费者为中心的服务理念,使得消费者感受到了品牌的关怀和尊重,从而增强了他们对品牌的认同感和忠诚度。同时,通过数字化互动,品牌还能够与消费者建立情感上的联系,使得消费者更加愿意为品牌代言、分享品牌故事,进一步提升品牌的知名度和美誉度。

2. 帮助品牌更好地维护消费者关系

数字化互动不仅增强了消费者的忠诚度,还帮助品牌更好地维护与消费者的关系。在传统模式下,品牌难以全面了解消费者的需求和反馈,导致消费者关系维护难度较大。而在数字经济时代,通过数字化工具和数据分析,品牌能够全方位地了解消费者的信息。品牌可以通过社交媒体、电子邮件等渠道收集消费者的反馈和建议,及时了解消费者对产品和服务的看法。同时,通过数据分析,品牌还能够洞察消费者的行为模式和消费习惯,为后续的营销策略提供有力的支持。这种以数据为驱动的消费者关系维护方式,使得品牌能够更加精准地满足消费者的需求,提升消费者的满意度和忠诚度。此外,数字化互动还为品牌提供了与消费者进行危机公关的渠道。当品牌面临负面舆论或危机事件时,可以通过社交媒体等渠道及时发布官方声明、回应消费者关切、澄清事实真相,有效维护品牌形象和消费者关系。

二、构建全面的客户数据管理体系

(一)构建全面的客户数据管理体系,是数字化时代的基础与核心

1. 数字化时代下的消费者互动产生变革

传统的线下交易模式逐渐让位于线上互动,消费者通过电子商务平台、社交媒体、移动应用等多种渠道与企业进行接触和交流。这一转变不仅为消费者提供了更加便捷、高效的购物体验,也为企业收集和分析消费者数据提供了前所未有的机会。在数字化环境下,消费者的行为轨迹变得可追踪、可量化。他们在线上浏览商品、比较价格、发表评论、参与互动,这些行为都留下了丰富的数据足迹。这些数据是企业了解消费者需求、偏好和行为模式的重要窗口,也是制定精准营销策略的基础。

2. CRM 系统在客户数据管理中的角色

为了充分利用数字化时代带来的数据红利,企业需要构建全面的客户数据管理体系。而先进的 CRM(客户关系管理)系统,则是这一体系的核心和支撑。CRM 系统能够整合线上线下各渠道的数据资源,形成统一的客户数据视图。这一视图不仅包括了消费者的基本信息,如姓名、联系方式、购买历史等,还涵盖了其行为数据,如浏览记录、点击偏好、停留时间等,以及社交数据,如社交媒体活动、评论反馈等。通过这些数据的集成和整合,企业能够更加全面、深入地了解每一个消费者,为后续的营销策略制定提供科学依据。而且,CRM 系统还具备强大的数据分析和挖掘功能。通过对客户数据的深入分析,

企业可以发现消费者的购买规律、偏好变化、潜在需求等有价值的信息。这些信息可以帮助企业更加精准地定位目标市场,制定个性化的营销策略,提高营销效果和转化率。

(二)客户数据管理体系的应用

1. 全面掌握消费者需求与偏好

全面的客户数据管理体系为企业提供了深入了解消费者需求和偏好的可能。通过对消费者行为数据的分析,企业可以掌握消费者的购物习惯、偏好变化、消费能力等关键信息。这些信息对于企业制定产品策略、营销策略和服务策略都具有重要的指导意义。例如,企业可以根据消费者的购买历史和浏览记录,推荐符合其偏好的商品或服务;根据消费者的社交数据和评论反馈,了解其对产品和服务的满意度与期望,及时调整和改进产品与服务质量。这种个性化的服务体验不仅能够提升消费者的满意度和忠诚度,还能增强品牌的竞争力和市场份额。

2. 客户细分与个性化服务策略

客户数据管理体系的建立还能帮助企业实现客户细分,识别出高价值客户群体。通过对客户数据的深入分析和挖掘,企业可以根据消费者的消费能力、购买频率、忠诚度等指标,将消费者划分为不同的群体。这种细分不仅有助于企业更加精准地定位目标市场,还能为不同群体的消费者提供更加个性化的服务策略。

对于高价值客户群体,企业可以提供更加优质、贴心的服务体验,如专属客服、优先发货、定制化产品等。这种差异化的服务策略不仅能够满足高价值客户的个性化需求,还能增强对品牌的认同感和归属感。同时,通过对高价值客户群体的深入分析和挖掘,企业还可以发现新的市场机会和增长点,为企业的持续发展提供有力支持。此外,客户数据管理体系还能帮助企业优化营销资源配置,提高营销效率和效果。通过对客户数据的分析和挖掘,企业可以了解不同营销渠道和营销策略的效果和转化率,从而更加合理地分配营销资源,提高营销投入的回报率和投资回报率。

三、利用数字化工具全面维护消费者关系

（一）数字化工具在消费者关系管理中的核心作用

1. 社交媒体平台是品牌与消费者的互动桥梁

在数字化时代，社交媒体平台已成为品牌与消费者之间不可或缺的互动桥梁。微信公众号、微博、抖音等社交平台，凭借其庞大的用户基础和高度活跃的社交氛围，为品牌提供了与消费者直接沟通的宝贵机会。企业可以通过这些平台发布品牌信息、产品动态、优惠活动等内容，以吸引消费者的关注与参与。这些内容不仅丰富了消费者的信息获取渠道，还增强了品牌与消费者之间的黏性。通过定期更新有趣、有价值的内容，品牌能够持续吸引消费者的眼球，保持品牌在消费者心中的活跃度。更重要的是，社交媒体平台为企业提供了收集消费者反馈和建议的宝贵途径。消费者可以通过评论、私信等方式，及时表达他们对品牌的看法和感受。企业则能够迅速响应，及时调整策略，满足消费者的需求。这种即时的反馈机制，不仅有助于企业及时了解市场动态，还能增强消费者的归属感和满意度。此外，在处理消费者问题和投诉方面，社交媒体平台也发挥着重要作用。企业可以通过设立官方账号，及时回应消费者的疑问和不满，提供有效的解决方案。这种公开、透明的处理方式，不仅有助于维护消费者权益，还能树立企业负责任的良好形象。

2. 邮件营销与短信推送，实现信息的精准触达

除了社交媒体平台，邮件营销和短信推送是企业维护消费者关系的重要数字化工具。这些工具能够帮助企业实现信息的精准触达，确保消费者能够及时收到品牌的重要信息。邮件营销以其低成本、高效率的特点，成为企业传递品牌信息、推广产品的重要手段。企业可以通过邮件向消费者发送个性化的营销信息，如新品上市通知、优惠活动提醒等。这些邮件不仅能够帮助企业提升品牌知名度，还能激发消费者的购买欲望。短信推送则以其即时性、高到达率的优势，成为企业与消费者保持紧密联系的得力助手。企业可以通过短信向消费者发送订单状态更新、活动提醒等信息，确保消费者能够随时掌握品牌动态。这种即时的信息传递方式，不仅增强了消费者的购物体验，还提升了

品牌的服务质量。

(二)数字化工具助力企业实现全方位互动与竞争力提升

1. 在线客服系统,打破传统营销渠道界限

在线客服系统是企业维护消费者关系的一个重要数字化工具,通过在线客服系统,企业能够实时响应消费者的咨询和投诉,提供即时的解决方案。这种即时的沟通方式,不仅打破了传统营销渠道的界限,还实现了企业与消费者之间的全方位互动。在线客服系统不仅提高了企业的服务效率,还提升了消费者的满意度。消费者可以随时随地通过在线客服系统与企业取得联系,无须时间和地点的限制。这种便捷的沟通方式,使得消费者能够更加积极地参与到与品牌的互动中来,增强了品牌的吸引力和影响力。

2. 数字化工具整合应用,提升品牌影响力和市场竞争力

在数字化时代,企业要想在激烈的市场竞争中脱颖而出,就必须充分利用各种数字化工具,实现与消费者的全方位互动。通过将社交媒体平台、邮件营销、短信推送、在线客服系统等数字化工具整合应用,企业可以构建一个完善的消费者关系管理体系。这个体系不仅能够帮助企业高效地维护消费者关系,还能帮助企业树立起良好的形象。同时,数字化工具的整合应用还能帮助企业提升品牌影响力和市场竞争力。通过发布有价值的内容、提供优质的服务、及时响应消费者的问题和投诉,企业可以赢得消费者的信任和忠诚。这种良好的口碑和品牌形象,将使得企业在市场竞争中更加具有优势。

第四章 数字经济下的产品与服务创新

第一节 数字化产品的定义与分类

一、数字化产品的内涵

(一)数字化产品的本质

数字化产品,这一概念的核心在于其数字化表示与网络传输的特性。它不仅仅局限于那些传统意义上具有信息属性的产品,如电子书籍、音乐文件或视频内容,而且涵盖了任何能够经过数字化处理,并通过计算机网络进行传输的产品或服务。这意味着,无论是实体商品的数字化版本,如电子票务、数字化艺术品,还是完全基于数字技术创建的服务,如在线教育课程、远程医疗服务,都属于数字化产品的范畴。数字化产品的本质在于其虚拟性和网络传输性。它们不再依赖于实物载体,如纸张、光盘或物理设备,而是存在于虚拟环境中,以数字代码的形式存在。这种存在形式使得数字化产品具有极高的灵活性和可达性。用户无须亲自前往实体店铺或等待物流配送,只需通过有线或无线的计算机通信网络,即可随时随地获取所需的产品或服务。这种即时性和便捷性,极大地提升了用户体验,也改变了传统的消费模式。

(二)数字化产品的传输方式

数字化产品的传输方式是其区别于传统实物产品的重要标志。它不是通过物理渠道进行分发,而是依赖于计算机网络,特别是互联网,进行快速、高效的传输。这种传输方式不仅降低了成本,提高了效率,还使得数字化产品能够实时更新和迭代,满足用户不断变化的需求。对于开发者而言,它们提供了创新的商业模式和盈利途径。通过数字化平台,开发者可以直接将产品推送给用户,无须经过中间环节,从而降低了市场进入门槛,提高了市场竞争力。对于使用者而言,数字化产品提供了更加便捷、个性化的服务体验。用户可以根据自己的需求和兴趣,随时随地选择和使用所需的产品或服务,享受数字化带来的便利和乐趣。此外,数字化产品还促进了信息的快速传播和知识的共享。它打破了传统信息传播的壁垒,使得知识和信息能够更加平等、开放地传递给每一个人。这种信息的民主化不仅促进了社会的进步和发展,也提高了人们的认知水平和创新能力。

二、数字化产品的特点

数字化产品不受物理空间的限制,能够跨越地域和时间的障碍,实现瞬间传输与全球共享,这种即时性不仅极大地提高了信息传递的效率,还使得用户能够随时随地获取所需的产品和服务。同时,数字化产品的成本相对较低,无须实体生产、仓储和物流等环节,降低了企业的运营成本,也使得消费者能够以更实惠的价格享受到优质的产品和服务,呈现出存货形态无形化、生产过程虚拟化、收益模式自由化、销售过程网络化等特点,如图4-1所示。

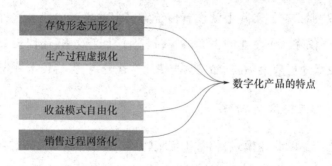

图4-1　数字化产品的特点

(一)存货形态无形化

数字化产品的存货形态与传统物质产品截然不同,其本质特征在于无形化。在常规认知中,产品往往与实体形态紧密相连,如汽车有金属外壳,书籍有纸张载体。而数字化产品却打破了这一常规,它们以虚拟、无形的姿态存在。无论是计算机软件、电子游戏、在线课程，还是数字音乐、电子书籍，这些产品均没有实物形态，也无须依赖有形的仓储设备进行存储。这种无形化的存货形态，使得数字化产品在数量上呈现出取之不尽的特点。它们可以随时被复制，无限量地满足市场需求，无须担心库存不足或过剩的问题。这种特性极大地降低了企业的存货成本，提高了运营效率，使得数字化产品能够在激烈的市场竞争中迅速响应，灵活调整，保持竞争力。同时，对于消费者而言，数字化产品的无形化也带来了更加便捷的获取方式，只需轻点鼠标或触摸屏幕，即可瞬间拥有所需的产品，享受数字化时代带来的便利与高效。

(二)生产过程虚拟化

数字化产品的生产过程，相对于传统物质产品，呈现出高度的虚拟化特征。以计算机软件为例，从研发到上市的整个过程，几乎都在虚拟环境中完成。在研制开发阶段，程序员们利用编程语言和开发工具，在计算机上构建出软件的初步框架和功能模块。而接下来的生产阶段，则更多地涉及软件的测试、优化、打包等环节，这些工作同样是在虚拟环境中进行的，无须实体生产线或工厂。对于某些数字化产品而言，如果研制开发过程本身就被视为其正常的生产过程，那么它们实际上就没有传统意义上的生产阶段。这种虚拟化的生产过程，不仅降低了企业的生产成本，提高了生产效率，还使得数字化产品能够更加灵活地适应市场需求的变化，快速迭代升级，保持技术领先。

(三)收益模式自由化

数字化产品的收益模式，相对于传统物质产品，展现出极高的自由度和灵活性。除了少数如在线音乐、影视等数字化产品采取直接收款的方式外，大多数数字化产品都采用了先提供产品使用权，再由消费者根据自身需求决定是否付款以获取进一步使用权的自由收益模式。在这种模式下，消费者可以充分体验产品的功能和价值，再做出购买决策，降低了购买风险，提高了购买意愿。同时，为了扩大市场份额，吸引更多消费者，许多数字化产品还采取了间接收益模式，如通过广告植入、数据分析、增值服务等方式实现收益。这种自由化的收益模式，使得数字化产品能够更加灵活地适应市场变化，满足不同消费者的需求,实现商业价值的最大化。

(四)销售过程网络化

数字化产品的销售过程,几乎完全依赖于网络进行。与传统的实体产品销售相比,数字化产品无须物流作业,也无须协力厂商参与,整个销售过程都在网络环境中完成。这种网络化的销售方式,极大地降低了销售成本,提高了销售效率。对于中小企业而言,数字化产品的销售过程网络化无疑是一个巨大的优势。它们可以借助网络平台,将产品迅速推向市场,无须担心物流、库存等问题的束缚。同时,网络化销售也使得数字化产品能够跨越地域限制,触达全球范围内的潜在用户,拓宽了销售渠道,扩大了市场份额。此外,网络化销售还使得数字化产品能够更加精准地定位目标用户,通过数据分析、用户画像等手段,实现个性化营销和定制化服务,提升用户体验和满意度。

三、数字化产品的分类

(一)按用途和性质分类

1. 内容性产品

内容性产品是数字化时代最为人们熟知和广泛接受的一类数字产品。它们以数字格式为载体,涵盖了新闻、书刊、电影、音乐等多种表达形式,为用户提供了丰富多样的信息和文化娱乐内容。新闻作为内容性产品的重要组成部分,以其时效性和准确性吸引了大量关注,人们可以通过手机、电脑等终端设备随时随地获取全球最新的资讯。书刊则以其深度和广度,为读者提供了知识的海洋,无论是专业研究还是休闲阅读,读者都能找到适合自己的数字书刊。电影和音乐作为视听艺术的代表,通过数字化技术得以更广泛地传播和欣赏,人们无须走出家门,就能享受到影院级的视听盛宴。这些内容性产品不仅以数字格式存储和传输,还通过计算机网络实现了全球化的传播和共享。用户只需轻点鼠标或触摸屏幕,就能访问来自世界各地的新闻、书刊、电影和音乐,这极大地丰富了人们的精神生活。同时,数字化技术还使得这些内容性产品具有了更高的互动性和个性化,用户可以根据自己的兴趣和需求,选择定制化的内容和服务,享受更加个性化的消费体验。此外,内容性产品的数字化还为其创作者和提供者带来了更多的商业机会和盈利模式。他们可以通过网络平台直接发布和销售自己的作品,无须经过传统的出版和发行渠道,从而降低了成本,提高了效率。同时,数字化技术还使得内容性产品更易于进行版权保护和版权交易,为创作者提供了更好的权益保障。

2. 交换工具

交换工具是数字化产品中一类重要的组成部分,在网络环境中实现了交易和交换的便捷性。数字门票就是其中的典型代表,它以其不需实物载体、方便快捷的特点,逐渐取代了传统的纸质门票。用户只需在手机上出示数字门票的二维码或条形码,就能完成入场验证,大大节省了时间和精力。除了数字门票,数字化预定也是交换工具中的重要一环。无论是酒店预定、机票预定还是旅游线路预定,用户都可以通过数字化平台进行在线操作和支付,无须亲自前往实体店或通过电话进行预定。这种数字化预定方式不仅提高了效率,还使得用户能够随时随地掌握预定进度和相关信息,为出行提供了更多的便利和保障。此外,交换工具还包括各种数字化的支付手段和交易平台。这些工具和平台通过加密技术和安全认证机制,保证了交易的安全性和可靠性。用户可以在数字化环境中放心地进行交易和支付,无须担心个人信息泄露或资金安全问题。这些交换工具的发展和应用,不仅推动了数字化经济的繁荣和发展,还为人们的日常生活带来了更多的便利和舒适。

3. 数字过程和服务

数字过程和服务是数字化产品中最为复杂和多样的一类,其通过数字平台提供服务和体验,满足了用户的多样化需求。远程教育就是其中的佼佼者,它打破了传统教育的时空限制,使得人们能够随时随地接受优质的教育资源和服务。无论是城市还是农村的孩子,只要能够接入互联网,就能享受到来自世界各地的优秀教师提供的课程资源。网络游戏也是数字过程和服务中的重要组成部分。它以数字化技术为支撑,构建了虚拟的游戏世界和社交环境。玩家可以在游戏中与其他玩家进行互动和交流,共同完成任务和挑战。这种数字化的游戏方式不仅提供了娱乐和放松的途径,还培养了玩家的团队合作精神和竞争意识。除了远程教育和网络游戏,交互式娱乐也是数字过程和服务中的重要一环。它们通过数字化技术实现了用户与娱乐内容的互动和交流,使得用户能够更加深入地参与到娱乐活动中来。无论是虚拟现实还是增强现实技术,都为用户提供了前所未有的娱乐体验和感受。数字过程和服务的发展不仅满足了人们的多样化需求,还推动了数字化技术的不断创新和应用。这些数字过程和服务通过数字化平台实现了全球化的传播和共享,使得人们能够跨越时空的限制,享受到来自世界各地的优质资源和服务。同时,数字化技术还使这些数字过程和服务具有了更高的个性化和定制化特点,用户可以根据自己的兴趣和需求选择适合自己的服务和体验。

(二)按存在形式分类

1. 有形数字产品

在数字化推动下,一类特殊的电子产品应运而生,它们就是有形数字产品。这类产品,如数码相机、数字电视机、数码摄像机等,虽然拥有实实在在的物理形态,但其内在的核心功能和操作方式却深深烙印着数字技术的印记。数码相机,以其高清晰度的成像技术和便捷的数字存储方式,彻底颠覆了传统胶片相机的使用模式。用户不需要担心胶片的冲洗和保存,只需轻轻一按,照片便能即时呈现在液晶屏幕上,且可随时删除或保存至存储卡中。数字电视机,利用数字技术将电视信号进行编码、传输和解码,为观众带来了更加清晰、稳定的画面和更加丰富的节目选择。数码摄像机,更是将数字技术与摄像技术完美结合,让用户能够轻松记录下生活中的每一个精彩瞬间,并以数字形式永久保存。这些有形数字产品,不仅提升了我们的生活质量,也极大地丰富了我们的娱乐方式。它们以数字技术为支撑,将传统电子产品的功能提升到了一个新的高度。同时,随着数字技术的不断发展,这些有形数字产品也在不断更新换代,以满足用户日益增长的需求。

2. 无形数字产品

与有形数字产品相对应的是无形数字产品,这类产品又被称为数字化产品,它们没有物理形态,完全以数字形式存在和传输。在数字化时代,无形数字产品已经成为我们生活中不可或缺的一部分。计算机软件,是无形数字产品的典型代表。它们以代码的形式存在,通过计算机硬件的运行,实现各种复杂的功能和操作。无论是办公软件、图像处理软件还是游戏软件,它们都以数字技术的力量,为我们的工作和生活带来了极大的便利和乐趣。在线服务,也是无形数字产品的重要组成部分。如在线支付、在线教育、在线医疗等,这些服务以互联网为平台,通过数字技术的支撑,实现了跨越时空的即时交互和服务提供。用户只需轻轻一点,便能享受到来自世界各地的优质服务和资源。此外,数字内容也是无形数字产品的一大类别。如电子书籍、数字音乐、在线视频等,它们以数字形式呈现,通过互联网等数字网络进行传输和分享。这些数字内容不仅丰富了我们的精神世界,也拓宽了我们的知识视野和娱乐方式。在数字化时代,无形数字产品正以其独特的魅力和无限的潜力,引领着我们走向更加美好的未来。

(三)按企业应用分类

1. 企业资源计划(ERP)

企业资源计划(ERP)系统,作为数字化产品在企业应用中的核心组成部分,扮演着整合与优化企业内部资源与流程的关键角色。ERP 系统通过高度集成的信息技术,将企业内部各个部门的数据和流程紧密地连接在一起,形成了一个全面、统一的管理平台。无论是财务、人力资源、采购、生产还是库存等部门,都能在 ERP 系统中找到属于自己的功能模块,实现数据的实时共享与协同工作。ERP 系统的核心价值在于其提供的全方位数据分析与决策支持能力。通过对企业内部海量数据的深入挖掘与分析,ERP 系统能够生成各种详尽的报表和图表,帮助管理层直观地了解企业的运营状况和市场趋势。这些数据不仅反映了企业的历史业绩,还能预测未来的发展趋势,为企业的战略规划和决策提供有力的依据。同时,ERP 系统还能根据企业的实际需求,定制化地设置各种管理指标和预警机制,确保企业能够及时发现问题并采取相应的措施。此外,ERP 系统的实施还能显著提升企业的运营效率和响应速度。通过自动化和标准化的流程管理,ERP 系统减少了人为干预和错误,提高了工作的准确性和效率。同时,ERP 系统还能实现信息的实时更新和传递,使得企业能够迅速响应市场变化,抓住商机。因此,ERP 系统已成为现代企业不可或缺的管理工具,为企业的可持续发展奠定了坚实的基础。

2. 客户关系管理(CRM)

客户关系管理(CRM)系统,是数字化产品在企业管理中的一个重要应用领域。CRM系统专注于管理与客户相关的所有数据,包括客户服务、市场营销和销售管理等各个环节。通过CRM系统,企业能够全面了解客户的需求和偏好,为客户提供更加个性化、贴心的服务。在客户服务方面,CRM系统能够记录客户的咨询、投诉和建议等信息,形成完整的客户档案。同时,CRM系统还能实现客户服务的自动化和标准化,提高服务效率和质量。在市场营销方面,CRM系统能够分析客户的购买行为和消费习惯,帮助企业制定更加精准的营销策略。通过针对性的营销活动和优惠政策,CRM系统能够吸引更多潜在客户,提升客户的忠诚度和满意度。此外,CRM系统还能实现市场营销活动的自动化管理,提高营销效率和效果。在销售管理方面,CRM系统能够跟踪销售流程中的各个环节,从客户询价到合同签订,再到售后服务,实现全过程的可视化管理。这不仅有助于企业及时了解销售进展和存在的问题,还能为销售人员的绩效考核提供客观、准确的数据支持。因此,CRM系统已成为现代企业提升客户满意度、促进销量增长的重要工具。

3. 供应链管理(SCM)

SCM系统帮助企业优化其供应链流程,从原材料采购到产品交付的每一个环节都能实现高效运作和成本控制。在原材料采购方面,SCM系统能够与供应商建立紧密的合作关系,实现采购信息的实时共享和协同工作。通过SCM系统,企业能够及时了解供应商的生产能力和库存情况,合理安排采购计划,确保原材料的及时供应。同时,SCM系统还能对供应商进行绩效评估和管理,确保采购质量的高效稳定。在生产管理方面,SCM系统能够实现生产计划的自动化制订和执行。通过实时监控生产进度和物料消耗情况,SCM系统能够及时调整生产计划,确保生产过程的顺利进行。此外,SCM系统还能对生产过程中的质量问题进行追踪和分析,为企业的质量改进提供有力的数据支持。另外,在物流配送方面,SCM系统能够优化配送路线和运输方式,降低物流成本和时间成本。通过实时监控物流信息和车辆位置,SCM系统能够确保货物的安全、准时送达。同时,SCM系统还能对物流配送过程中的异常情况进行及时处理和反馈,提高物流配送的可靠性和客户满意度。

第二节 服务数字化与智能化转型

一、数字经济下,服务数字化转型

(一)数字化平台构建推动服务流程优化

在数字经济时代,服务数字化转型已成为企业提升竞争力的关键途径。企业通过构建数字化平台,将传统服务流程线上化,实现了服务的快速响应和高效传递。这一转变不仅极大地提升了服务效率,还为消费者带来了前所未有的便捷体验。数字化平台作为服务数字化转型的核心载体,整合了企业内部的各种资源,包括人力、物力、财力等,使资源得到更加合理的配置和利用。同时,数字化平台打破了部门间的信息壁垒,促进了信息的共享与协同。在过去,部门间信息沟通不畅,往往导致服务流程烦琐、效率低下。而数字化平台的出现,使得各部门之间的信息能够实时共享,协同工作变得更加顺畅。通过优化服务流程,企业能够减少服务过程中的冗余环节,提高服务响应速度,确保消费者能够享受到更加流畅、便捷的服务体验。此外,数字化平台还提供了丰富的数据支持,帮助企业更好地了解消费者需求,为服务创新提供了有力支撑。

(二)大数据分析提供针对性服务

在服务数字化转型过程中,大数据技术通过分析消费者的行为数据、偏好数据等,可以帮助企业精准把握市场需求,实现服务的针对性。大数据技术的运用,使得企业能够更加深入地了解消费者的需求和偏好,从而提供更加符合消费者期望的服务。针对性服务不仅能够满足消费者的独特需求,还能提升消费者的满意度和忠诚度。在数字经济时代,消费者对于服务的期望越来越高,他们希望获得更加个性化、贴心的服务。而大数据技术正是实现这一目标的关键。通过数据分析,企业可以了解消费者的消费习惯、兴趣爱好等信息,从而为他们提供量身定制的服务。这种针对性服务不仅能够增强消费者的满意度和忠诚度,还能促进企业的长期发展。因为满意的消费者更愿意向亲朋好友推荐企业的服务,从而带动更多潜在客户的转化。

(三)跨时空服务传递与共享

服务数字化转型打破了传统服务的时空限制,使得服务可以跨越地域和时间进行传递和共享。在过去,服务往往受到地域和时间的限制,消费者只能在特定的时间和地点享受到服务。而在数字经济时代,这一限制被彻底打破。通过互联网、移动应用等数字化渠道,消费者可以随时随地享受到来自全球各地的服务。无论是在家中、办公室还是外出旅行,只要能够接入互联网,就能轻松获取所需的服务。这种跨时空的服务传递方式不仅拓宽了服务的覆盖范围,还极大地提升了服务的便捷性和可及性。消费者不再受地域和时间的限制,而是更加自由地选择自己需要的服务。同时,这也为服务提供商带来了更多的商机和发展空间。他们可以通过数字化渠道将服务传递给更多潜在客户,实现业务的快速扩展和增长。

(四)服务创新升级

服务数字化转型不仅改变了服务的传递方式和消费者的体验,还推动了服务创新,催生了一系列新的服务模式和业态。在数字经济时代,创新已成为推动服务业发展的核心动力,而服务数字化转型正是实现服务创新的重要途径。例如,共享经济模式就是通过整合闲置资源,提供个性化的服务解决方案。在过去,许多资源往往处于闲置状态,无法得到充分利用。而共享经济模式的出现,使得这些闲置资源被有效利用起来,为消费者提供更加便捷、经济的服务。平台经济模式也通过连接供需双方,实现了服务的快速匹配和交易。这种平台化的服务模式不仅提高了服务效率,还降低了交易成本,为消费者和提供商都带来了实惠。这些新的服务模式和业态不仅丰富了服务市场,还满足了消费者多样化的需求。在数字经济时代,消费者的需求越来越多样化、个性化。而传统的服务模式往往无法满足这些需求。因此,服务数字化转型推动了服务创新,为消费者提供了更多选择、更高质量的服务。同时,这也为服务提供商带来了新的发展机遇和挑战。他们需要不断创新,提升服务质量,以满足消费者的需求并赢得市场竞争。

二、数字经济下,服务智能化转型

(一)智能客服系统的应用与普及

在数字经济中,服务行业的智能化转型正以前所未有的速度推进,其中智能客服系统的应用与普及无疑是这一转型过程中的重要标志。智能客服系统作为服务智能化的先锋,凭借自然语言处理、情感分析等前沿技术,实现了与消费者的无缝对接。这些系统能够精准捕捉消费者的需求,无论是咨询、投诉还是建议,都能迅速给出个性化的服务解决方案。智能客服系统的优势在于其 24 小时不间断的服务能力。无论白天黑夜,消费者都能随时得到响应,这大大提升了服务的便捷性和即时性。同时,智能客服系统的高效处理也显著提高了服务的满意度。它们能够快速准确地解答问题,减少了人工客服因疲劳、情绪等因素导致的服务波动。此外,智能客服系统的应用还极大降低了人工客服的成本,使企业能够将更多资源投入到其他服务环节,进一步提升整体服务水平。随着技术的不断进步,智能客服系统也在持续升级。从简单的文字聊天到语音交互,再到基于人工智能的深度学习,智能客服系统正变得越来越智能化、越来越人性化。这不仅提升了消费者的服务体验,也为服务行业的智能化转型提供了有力支撑。

(二)人工智能技术促进服务领域智能化转型

在服务智能化转型中,人工智能技术的广泛应用,不仅提升了服务的智能化水平,更在服务的准确性和可靠性上实现了质的飞跃。人工智能技术通过大数据分析、机器学习等手段,能够深入挖掘消费者的需求和行为模式。这使得服务提供者能够更加精准地把握市场动态,及时调整服务策略,满足消费者的个性化需求。同时,人工智能技术还能够对服务过程中的各种数据进行实时监测和分析,及时发现并解决潜在问题,确保服务的稳定性和可靠性。在服务行业中,人工智能技术的应用场景越来越广泛。从智能推荐、智能导航到智能支付,人工智能技术正渗透到服务的每一个环节。这些技术的应用不仅提升了服务的便捷性和效率,还为消费者带来了更加智能、更加个性化的服务体验。可以说,人工智能技术已经成为服务智能化转型不可或缺的重要力量。

(三)智能化服务体验的提升

在数字经济的推动下,智能化服务体验正逐渐成为现实。通过智能化设备、应用程序等,消费者可以随时随地获取所需的服务信息。无论是查询天气、预订餐厅还是购买商品,只需轻轻一点,就能轻松完成。这种即时性的服务体验不仅满足了消费者的即时需求,还提升了他们的满意度和忠诚度。同时,智能化服务体验还促进了服务的消费和升级。在智能化服务的推动下,消费者更加愿意尝试新的服务方式和服务产品。这不仅拓宽了服务市场的边界,还为服务行业的创新发展提供了无限可能。可以说,智能化服务体验的提升是服务智能化转型的重要成果,也是数字经济时代服务行业发展的必然趋势。

第三节 产品与服务融合的创新模式

一、智能产品与服务融合

(一)智能家电

在数字经济下,智能家电作为产品与服务融合的创新典范,正逐步改变着我们的生活方式。智能家居系统,作为智能家电的核心,通过内置的传感器、控制器和通信模块,实现了家电的远程控制、智能调度和节能管理。用户只需轻轻一点手机或语音指令,就能随时随地控制家中的空调、冰箱、洗衣机等家电设备,享受智能化带来的便捷与舒适。智能家电不仅仅提供了家电的基本功能,更通过数据分析技术,为用户提供了个性化的生活建议和服务。比如,智能冰箱可以根据用户的饮食习惯和存储食物的情况,提醒用户及时补充食材或调整饮食结构;智能空调能根据室内外温差和用户的偏好,自动调节温度和风速,创造最适宜的居住环境。这种产品与服务的深度融合,不仅提升了家电的使用体验,更满足了用户对高品质生活的追求。

(二) 智能穿戴设备

随着数字经济的蓬勃发展,智能穿戴设备也成为产品与服务融合的重要领域。智能手表、智能手环等穿戴设备,不仅具备计步、心率监测等基本功能,还能通过连接手机 App,为用户提供更加丰富的增值服务。通过智能穿戴设备,用户可以实时了解自己的运动数据、健康状况,甚至睡眠质量。这些数据不仅为用户提供了全面的自我认知,还为健康管理提供了科学依据。同时,智能穿戴设备还能根据用户的运动习惯和健康状况,提供个性化的运动指导和健康建议。这种产品与服务的紧密结合,不仅提升了穿戴设备的实用性,更让用户享受到了更加贴心、个性化的服务体验。

二、解决方案式服务

(一) 企业数字化转型服务

在数字经济时代,企业数字化转型已成为不可逆转的趋势。为了满足企业这一需求,提供全流程数字化转型解决方案的服务应运而生。这种服务不仅包含了软件产品、硬件设备,还涉及数据治理、流程优化、人才培训等多个方面。企业数字化转型服务从咨询开始,为企业提供全面的数字化转型规划和建议。在规划阶段,服务团队会深入了解企业的业务需求、痛点和目标,制定符合企业实际情况的数字化转型方案。在实施阶段,服务团队会负责软件产品的部署、硬件设备的安装以及数据治理等工作,确保数字化转型的顺利进行。同时,服务团队还会为企业提供流程优化建议,帮助企业提高运营效率和管理水平。最后,在运维阶段,服务团队会提供持续的技术支持和维护服务,确保数字化转型成果的长期稳定运行。

(二) 智慧城市解决方案

在数字经济背景下,智慧城市解决方案作为产品与服务融合的创新模式,为城市提供了涵盖交通、能源、环保、公共安全等多个领域的智能化解决方案。

智慧城市解决方案通常包括智能设备、数据分析平台、运营服务等组成部分。智能设备如智能交通信号灯、智能环境监测站等,通过实时采集城市运行数据,为数据分析平台提供丰富的数据资源。数据分析平台则运用大数据、人工智能等技术,对城市运行数据进行深度挖掘和分析,为城市管理提供科学依据和决策支持。同时,运营服务团队还会负责智慧城市解决方案的日常运维和管理,确保各项智能化服务的正常运行和持续优化。这种产品与服务的深度融合,不仅提高了城市管理效率和服务水平,还为城市居民带来了更加便捷、智能的生活体验。

三、共享经济与平台服务

(一)共享单车、共享汽车

在数字经济下,共享经济以其独特的魅力迅速崛起,其中共享单车和共享汽车成为共享出行领域的两大亮点。这些平台通过整合闲置资源,为用户提供便捷、经济的出行方式。用户只需通过手机 App 轻轻一点,即可找到附近的共享单车或共享汽车,支付少量费用后便能即刻享受出行服务。共享单车和共享汽车的出现,极大地降低了用户的出行成本。无论是上班族还是游客,都不再需要为短暂的出行而购买或租赁车辆,从而节省了大量的时间和金钱。同时,这些平台还利用大数据分析技术,对车辆的调度和运维进行优化。通过实时监测车辆的使用情况和位置信息,平台能够准确预测车辆的需求分布,及时调配车辆资源,确保用户在需要时能够迅速找到可用的车辆。此外,共享经济还促进了环保和可持续发展。共享单车和共享汽车的普及减少了私家车的使用,降低了碳排放和交通拥堵,为城市环保和交通出行带来了新的解决方案。可以说,共享单车和共享汽车是数字经济时代共享经济的重要代表,它们以创新的模式和便捷的服务,为人们的出行带来了全新的体验。

(二)电商平台

电商平台作为数字经济的典型产物,已经彻底改变了传统零售业的商业模式。阿里巴巴、京东、淘宝等电商平台通过搭建交易平台,连接了卖家和买家,为双方提供了一个便捷、高效的交易环境。在电商平台上,卖家可以展示自己的商品,吸引潜在买家的关注;买家则可以浏览各种商品,比较价格和质量,选择最适合自己的产品。电商平台还提供了交易撮合服务,帮助买卖双方达成交易。同时,电商平台还负责物流配送和售后服务等环节,确保交易的顺利进行。电商平台的出现,不仅让消费者能够享受到更加便捷、高效的购物体验,还让卖家能够拓展销售渠道,提高商品销量。更重要的是,电商平台还利用大数据分析技术,为用户提供个性化的购物体验和推荐。通过分析用户的购物行为和偏好,平台能够准确预测用户的需求,为用户推荐最符合其品位的商品。这种个性化的服务不仅提高了用户的满意度,还增强了平台的用户黏性。

四、订阅式服务与按需付费

(一)在线视频订阅服务

在数字经济时代,在线视频订阅服务以其丰富的内容和便捷的观看方式,受到了广大用户的喜爱。Netflix、爱奇艺等在线视频平台提供了海量的视频内容,包括电影、电视剧、纪录片等,满足了用户多样化的观看需求。用户只需支付固定的订阅费用,即可随时随地观看平台上的所有内容。这种按需付费的模式不仅降低了用户的观看成本,还让用户能够更加灵活地选择自己喜欢的节目。同时,在线视频平台还利用大数据分析技术,为用户提供个性化的内容推荐。通过分析用户的观看历史和偏好,平台能够准确预测用户可能感兴趣的内容,并将其推送给用户。在线视频订阅服务的出现,不仅让用户能够享受到更加便捷、经济的观看体验,还让内容创作者有了更多的展示机会。平台通过提供公平、透明的竞争环境,激发了内容创作者的创作热情,推动了视频内容的创新和发展。可以说,在线视频订阅服务是数字经济时代娱乐产业的重要组成部分,它以创新的模式和丰富的内容,为用户的娱乐生活带来了全新的体验。

(二)云计算服务

随着数字经济的快速发展,云计算服务以其强大的计算和存储能力,成为企业信息化建设的重要支撑。阿里云、腾讯云等云计算平台提供了按需付费的计算和存储服务,让企业能够根据自己的实际需求灵活选择资源。云计算服务的出现,极大地降低了企业的 IT 成本。企业不需要购买昂贵的硬件设备和软件许可证,也不需要承担维护和升级的费用。相反,企业只需按需付费,即可获得云计算平台提供的强大计算和存储能力。这种按需付费的模式不仅让企业更加灵活地管理自己的 IT 资源,还让企业将更多的精力投入到核心业务的发展上。同时,云计算平台还利用大数据分析技术,为企业提供智能化的运维和优化建议。通过分析企业的使用情况和业务需求,平台能够准确预测企业的资源需求,为企业提供合理的资源分配方案。此外,平台还能够实时监测企业的系统运行情况,及时发现并解决潜在的问题,确保企业的业务能够顺利进行。可以说,云计算服务是数字经济时代企业信息化建设的重要选择,它以创新的模式和强大的能力,为企业的发展提供了有力的支持。

第四节　创新过程中的知识产权保护与管理

一、数字经济下,产品与服务创新过程中的知识产权保护方式

(一)技术手段

1.数字版权管理技术(DRM)

在数字经济推动下,数字内容产业蓬勃发展,而数字内容的版权保护却面临着前所未有的挑战。为了应对这一挑战,数字版权管理技术(DRM)应运而生。DRM 技术通过一系列精密的加密手段,为数字内容筑起了一道坚实的防护墙。它不仅能够确保数字内容在传输过程中的安全性,还能有效防止未经授权的复制、分发和传播行为。以在线音乐、视频平台为例,这些平台拥有海量的数字内容资源,如音乐作品、电影、电视剧等。为了保护这些内容的版权,平台通常会采用 DRM 技术对数字内容进行加密处理。当用户试图访问或下载这些内容时,系统会进行严格的授权验证。只有获得合法授权的用户,才能顺利访问和使用这些内容。这样一来,就有效防止了数字内容的非法下载或

分享行为,为创作者和版权持有者提供了有力的保障。DRM 技术的优势在于其灵活性和可扩展性。随着数字技术的不断发展,DRM 技术也在不断更新和完善。它不仅能够适应各种不同类型的数字内容,还能与其他安全技术相结合,形成更加全面的保护体系。因此,在数字内容产业中,DRM 技术已经成为一种不可或缺的知识产权保护手段。

2. 加密与解密技术

在产品与服务的创新过程中,核心代码、设计图、算法等敏感信息是企业最为宝贵的无形资产。这些信息一旦泄露或被非法获取,将给企业带来巨大的损失。为了保护这些敏感信息的安全,加密与解密技术应运而生。加密技术通过对敏感信息进行加密处理,将其转化为一种难以理解的密文形式。只有拥有相应解密密钥的授权用户,才能将密文还原为原始的明文信息。这样一来,即使敏感信息在传输或存储过程中被截获或窃取,也无法被非法使用或泄露。在企业内部,加密与解密技术可以应用于各种场景。比如,研发部门可以使用加密技术保护新产品的设计图和源代码,确保这些信息在团队内部的安全传输和存储。销售部门则可以使用加密技术保护客户信息和交易数据,防止这些信息被不法分子利用。此外,加密与解密技术还可以与其他安全技术相结合,形成更加全面的保护体系。比如,可以将加密技术与访问控制技术相结合,确保只有经过身份验证和授权的用户才能访问敏感信息。这种多重保护机制可以大大提高敏感信息的安全性,为企业的创新和发展提供有力的保障。

3. 区块链技术

随着数字经济的不断发展,知识产权的保护问题日益凸显。传统的知识产权保护方式往往存在着诸多局限性,如证据易丢失、追溯难度大等。而区块链技术的出现,为知识产权保护提供了新的思路和解决方案。区块链技术是一种去中心化的分布式账本技术,具有不可篡改、透明可追溯等特点。这些特点使得区块链技术成为知识产权保护的理想工具。在知识产权的创建、交易和授权过程中,区块链技术可以记录每一个关键节点的信息,形成一条完整的证据链。而当发生侵权纠纷时,区块链技术可以提供有力的证据支持。通过查询区块链上的记录,可以清晰地了解到知识产权的归属情况、交易历史以及授权范围等信息。

（二）知识产权教育与意识提升

1. 内部培训

在企业快速发展的过程中,为了提升全体员工对知识产权保护的认识与重视程度,企业内部培训成为一项必不可少的举措。企业应当制订定期的知识产权培训计划,确保每位员工都能接受到系统而全面的知识产权教育。培训内容应涵盖知识产权的基本概念、保护策略以及实际操作技巧等方面。通过生动的案例分析,员工可以更加直观地了解到知识产权侵权所带来的严重后果,从而增强其保护意识。同时,实操演练也是培训的重要环节。通过模拟真实的知识产权保护场景,员工可以在实践中掌握相关技能,提高其在实际工作中的应对能力。此外,企业还可以邀请知识产权领域的专家来企业开展讲座或交流,为员工提供更多的学习机会和视角。通过这些培训活动,员工不仅能够提升自身的知识产权保护能力,还能为企业的创新发展提供有力的支持。

2. 文化营造

企业应当将知识产权保护纳入企业文化建设的范畴,通过制定相关规章制度、宣传标语等方式,让员工时刻感受到企业对知识产权的重视。同时,企业可以设立创新奖励机制,对在创新过程中取得突出成果的员工给予表彰和奖励。这种激励机制不仅能够激发员工的创新热情,还能让其更加珍惜和保护自己的创新成果。此外,企业还可以定期评选知识产权保护先进个人和团队,通过树立典型和榜样,引导全体员工积极参与到知识产权保护工作中来。

（三）知识产权合作与共享

1. 技术联盟与合作

在数字经济时代,技术更新迭代的速度日益加快,企业单打独斗已经难以满足市场发展的需求。因此,与其他企业或科研机构建立技术联盟,共同研发新技术、新产品,并共享知识产权,成为企业创新发展的重要途径。通过技术联盟,企业可以整合各方资源,共同攻克技术难题,降低研发成本,提高研发效率。同时,共享知识产权也能够让联盟成员在技术创新中互惠互利,实现共赢发展。这种合作模式不仅能够促进技术的快速进步,还能提高知识产权的利用效率和保护水平。在技术联盟中,企业应当注重知识产权的归属和管理问题。通过签订合作协议,明确各方在知识产权方面的权利和义务,确保知识产权的合法合规使用。同时,企业还应当加强对联盟成员的知识产权培训和管理,增强其知识产权保护意识和能力。

2. 开源社区与共享

开源社区是一个开放、共享、协作的创新平台,吸引了大量的开发者和创新者参与其中。企业可以将部分非核心知识产权开源共享,吸引更多开发者参与创新和优化。通过开源社区的力量,企业可以获取更多的创新资源和思路,加速产品的迭代和升级。同时,开源共享也能够促进技术的普及和应用,推动行业的整体进步。在参与开源社区的过程中,企业应当注重知识产权的保护和管理,遵守开源社区的规则和约定,尊重他人的知识产权成果,不侵犯他人的合法权益。同时,企业还应当加强对开源项目的管理和维护,确保其稳定性和安全性,为行业的健康发展做出积极贡献。

(四)加强知识产权保护力度

随着数字技术的飞速发展,知识产权的侵权形式日益多样化,保护难度也随之增加。为了有效应对这一形势,企业必须加强知识产权的保护力度,筑起坚实的防护网。具体而言,企业可以充分利用数字水印技术,将独特的标识嵌入到数字产品中,这样一旦产品被非法复制或传播,就能通过数字水印迅速追踪到侵权源头。同时,加密技术也是保护知识产权的有力武器。通过对敏感信息进行加密处理,可以确保只有经过授权的用户才能访问和使用这些信息,从而大大降低侵权风险。此外,企业还应建立健全的监测机制,提高对侵权行为的发现和打击能力,让侵权者无处遁形。只有这样,才能在数字经济的大潮中,确保企业的知识产权得到充分有效的保护。

二、数字经济下,产品与服务创新过程中的知识产权

(一)建立健全的知识产权管理体系

企业应建立完善的知识产权管理制度,明确知识产权的归属、申请、使用、保护及维权等各个环节的职责和流程。通过制定详细的知识产权管理手册或规章制度,规范员工的行为,确保知识产权工作的有序开展。同时,设立专门的知识产权管理部门或岗位,负责知识产权的全面管理工作,确保制度的有效执行。在数字经济时代,企业还应充分利用大数据、人工智能等先进技术手段,提高知识产权管理的效率和准确性。

(二)加强知识产权风险管控

在创新过程中,企业应加强知识产权风险防控,建立风险预警机制。这包括对可能存在的知识产权风险进行提前识别和评估,关注行业动态、竞争对手动态等方面,及时发现潜在的风险点并采取相应的应对措施。例如,在进行技术研发前,应进行全面的专利文献检索,了解相关领域的现有技术和专利情况,避免重复研发和无意侵权。同时,企业应加强对内部员工的培训和教育,提高员工的知识产权保护意识和能力,规范员工在研发、生产、销售等环节中的行为。

(三)鼓励创新与知识产权运用

企业应营造鼓励创新的氛围,激发员工的创新热情。通过设立创新奖励机制、提供创新资源支持等方式,鼓励员工积极参与创新活动,为企业创造更多的知识产权。在数字经济时代,知识产权的运用也变得更加重要。企业可以通过知识产权的转让、许可等方式,实现知识产权的商业价值,为企业带来丰厚的收益。此外,企业还可以利用知识产权进行质押融资,缓解资金压力,促进企业的快速发展。

(四)优化知识产权基础数据公开化

企业应优化知识产权基础数据的公开化,为企业提供便利化、公益性信息

服务,通过共享知识产权基础数据,降低企业获取信息的成本,提高企业的创新效率。同时,加强知识产权信息数据的动态化监测,通过信息化管理手段,发挥出大数据技术在专利价值开发等方面的作用,为企业制定创新战略和专利布局策略提供有力支持。

第五章　数字经济时代的营销与传播策略

第一节　数字化营销的基本概念与特点

一、数字化营销的内涵

(一)数字化营销的核心

数字化营销,作为新时代营销领域的璀璨明珠,其内涵深远且丰富。它不仅仅是一种营销手段,更是一种与消费者建立即时、高效沟通桥梁的策略。数字化营销的核心在于其及时性和定制化,它借助数字传播渠道,如社交媒体、电子邮件、短信平台等,以迅雷不及掩耳之势将品牌产品与服务的信息推送给目标消费者。这种营销方式极大地节省了沟通时间和成本,使得企业能够更迅速地响应市场变化,满足消费者的个性化需求。数字化营销是传统互联网营销的延伸与升级,其营销范围更加广泛,渠道也更加多元。值得一提的是,数字化营销并不完全依赖于互联网,它还可以通过各种智能终端设备,如智能手机、App 客户端等,实现与消费者的全方位互动。这些终端设备成为数字化营销实施的通道,让营销信息能够更精准、更快速地触达消费者。精准的数据库是数字化营销的前提和基础。通过收集和分析消费者的行为数据、偏好数据等,企业可以构建出完善的消费者画像,从而实现营销的标准化和个性化。这种基于数据的营销方式,不仅提高了营销的效率,还提升了营销的效果,使得企业能够在激烈的市场竞争中脱颖而出。

(二)数字化营销的重要地位

随着科技的不断进步和智能终端设备的普及,数字化营销逐渐展现出其巨大的潜力和魅力。当数字化营销使用了大众所能接受的终端设备以后,它迅速被视为一种非常重要的营销模式,成为各个行业的发展趋向。如今,数字化营销已经成为企业之间开展竞争的核心和关键。在数字化时代,消费者获取信息的渠道更加多元,消费习惯也更加个性化。企业如果想要在激烈的市场竞争中立于不败之地,就必须紧跟时代步伐,积极拥抱数字化营销。通过数字化营销,企业可以更好地了解消费者需求,提升品牌形象,扩大市场份额,实现可持续发展。因此,数字化营销已经成为现代企业不可或缺的一部分,它将在未来的营销领域中继续发挥举足轻重的作用。

二、数字化营销的特点

数字化营销以其独特的优势,正在逐步改变传统营销的格局。它打破了时间和空间的限制,使得企业能够随时随地与消费者进行互动,及时传递品牌信息,大大提升了营销的效率。数字化营销还实现了营销的精准化,通过数据分析和挖掘,企业可以深入了解消费者的需求和偏好,为消费者提供个性化的产品和服务,增强消费者的满意度和忠诚度。数字化营销的成本相对较低,企业可以通过各种数字渠道进行广泛的传播和推广,降低营销成本,提高营销投入产出比。因此,数字化营销已成为现代企业营销的重要手段,为企业的快速发展提供了有力的支持。数字化营销的主要特点表现为集成性高、信息丰富化、互动性强、精准化营销、多元化营销方式、高性价比,如图5-1所示。

图 5-1 数字化营销的特点

（一）集成性高

数字化营销系统以其高度的集成性，为企业打造了一条从前端业务到后端财务的无缝链接通道。在这一系统中，用户从浏览商品信息到完成下单收款，整个流程如行云流水般顺畅，形成了统一且高效的业务流程。数字化营销平台不仅集成了信息展示、客户回访等基础功能，还融入了管理等多维度营销能力，实现了一站式整合营销服务。这种高度集成化的特性，使得企业能够形成统一的产品销售传播渠道，对营销活动进行全局规划和协调实施。通过数字化营销，企业能够更精准地掌控市场动态，优化资源配置，提升整体运营效率，从而在激烈的市场竞争中脱颖而出，占据有利地位。

（二）信息丰富化

数字化营销借助网络平台，以视频、音频、图文等多元化的形式，全方位、多角度地展示商品信息。消费者可以轻松获取商品的详细规格、技术指标、保修信息以及使用方法等，为购买决策提供了充分的依据。同时，数字化营销还打破了传统营销的信息壁垒，使得消费者能够方便地通过互联网查找产品、比较价格、了解品牌背景等，从而做出更加明智的购买选择。此外，数字化营销还提供了丰富的互动渠道，如社交媒体、在线论坛等，让消费者能够与企业进行直接沟通，增强了营销的互动性和趣味性。

（三）互动性强

数字化营销为供需双方搭建了一座沟通的桥梁，使得互动式营销成为可能。通过数字化营销平台，消费者可以实时反馈自己的意见和建议，企业则能够迅速响应市场变化，及时调整营销策略，以满足消费者的需求。这种强大的互动性不仅有助于企业提升品牌影响力，还能实现营销能力的突破。社交媒体等数字化营销平台，进一步增强了企业与消费者之间的沟通和联系，让消费者感受到企业的关怀和重视，从而增强了对企业的信任感和忠诚度。

（四）精准化营销

数字化营销的核心优势在于其精准化。通过数据分析技术，企业能够更准确地了解市场需求和消费者心理,从而制定出更符合市场需求的营销策略。数字化营销能够实现精准推送,将产品或服务准确地推送给目标用户,大大提高营销效果。同时,数字化营销还能帮助企业评估营销活动的效果,及时调整策略,提高营销效率。这种精准化的营销方式,不仅提升了企业的市场竞争力,还能为消费者提供更加个性化、贴心的服务体验,实现双赢的局面。

(五)多元化营销方式

数字化营销涵盖了多种营销方式,如社交媒体营销、搜索引擎优化、内容营销、电子邮件营销等。这些营销方式各具特色,能够满足不同企业的需求和目标用户的特点。企业可以根据自身情况和市场环境,灵活选择适合的营销方式,实现最佳营销效果。同时,数字化营销方式还可以相互融合,形成综合性的营销策略,进一步提升营销效果。这种多元化的营销方式,为企业提供了更多的选择和可能性,让营销变得更加灵活和高效。

(六)高性价比

与传统营销方式相比,数字化营销具有更高的投入产出比。通过数据分析技术,企业能够更准确地评估营销活动的效果,及时调整策略,提高营销效率。这种高性价比的营销方式,使得企业能够在有限的预算内实现最大的营销效果。同时,数字化营销还能帮助企业建立与消费者的长期关系,通过持续的服务和互动,增强消费者的忠诚度和满意度,为企业的持续发展奠定坚实的基础。

第二节 社交媒体与网络营销策略

一、数字经济时代社交媒体营销方式

(一)尝试多种社交媒体平台,找到最佳选择

在数字经济时代,社交媒体已成为企业营销的重要阵地。而选择与企业

品牌特点相一致的社交媒体平台,并非一件易事。不同的平台拥有不同的用户群体和特性,企业需根据自身定位和目标受众,进行精心挑选。一些用户流量极高的社交媒体平台,如 Facebook、Twitter、微信、微博等,虽然覆盖面广,但并不一定能将企业的产品精准推送给合适的受众。相反,一些用户流量相对较低的平台,可能隐藏着大量的潜在用户。因此,企业应保持开放的心态,尽可能多地尝试不同的社交媒体平台,通过实践来检验哪个平台最适合自己的营销需求。在尝试过程中,企业需要关注平台的用户画像、活跃度、互动性等指标,评估平台与自身品牌的契合度。同时,企业还应考虑平台的营销工具和资源,以及自身在平台上的运营能力和投入成本。通过综合比较和分析,找到最适合自身营销的有效载体,实现精准营销和高效传播。

(二)使用社会化媒体运营管理工具

在多个社交媒体平台上进行品牌推广是一件很繁重的工作,企业要投入大量的资源进行管理,在这种情况下,企业迫切需要低成本、高效率的社交媒体运营管理工具来帮助其处理日益繁重的工作,例如,Ping. fm、Hellotxt、Hoot-Suite 可以将用户的多个社会化媒体账号统一到一个网页中,实现一键管理。目前,国际上社交媒体运营管理工具的应用已经十分普遍,在多个垂直细分领域都有所发展。例如,以 SocialMention 为代表的社会化倾听管理工具,以 ArgyleSocial 为代表的社会化对话管理工具,以 EngageSciences 为代表的社会化营销管理工具,以 Socialbakers 为代表的社会化分析管理工具,以 KIout 为代表的社会化影响指数管理工具。当下国内的社交媒体管理工具主要有孔明社会化媒体管理平台、蜂巢社交管理系统、微博管理行家、微动等,其中有收费的,也有免费使用的。企业可以先尝试一下免费的管理工具,熟练掌握后再根据自己的需求去选择合适的管理工具。

(三)可视化内容创造

在社交媒体营销中,内容为王。优质的内容能够吸引用户的眼球,提升品牌的知名度和影响力。而可视化内容的创造,更是让营销内容焕发出新的生机。合理的图片、视频与文本的结合,能够让企业所推广的品牌内容更加生动有趣。与纯文本的内容相比,图片和视频更能直观地展示产品的特点和优势,提升用户的情感体验。同时,可视化内容还能激发用户的互动欲望,促使他们积极参与讨论和分享,从而为产品设计提供宝贵的用户评论数据。为了创造优质的可视化内容,企业需要注重创意和策划,从用户的角度出发,思考他们感兴趣的话题和形式,结合品牌的特点和定位,打造出具有吸引力和传播力的内容。同时,企业还应关注内容的更新频率和质量,保持与用户的持续互动和沟通,不断提升品牌的认知度和美誉度。

(四)制定并严格执行社会化媒体发展战略

在数字经济时代,社交媒体营销已成为企业不可或缺的一部分。要想在激烈的竞争中脱颖而出,企业需要制定并执行一套科学的社会化媒体发展战略。这就需要企业明确自己的营销目标和定位,确定在社交媒体上的品牌形象和传播策略。然后,根据这些目标和策略,制订出具体的工作计划和实施方案,确保各项工作能够按照规章制度持续稳定地运行。同时,企业还需要制定相应的考核指标,督促员工认真执行战略计划。这些指标可以包括粉丝数量、互动率、转化率等,通过量化评估来检验营销效果,及时调整和优化策略。此外,强化团队意识也是执行社会化媒体发展战略的重要环节。企业需要让员工树立共同的理想与目标,明确自己的职责和角色,共同努力、共同进步。通过团队的协作和配合,形成强大的合力,推动社交媒体营销工作的顺利进行。

二、数字经济时代网络营销策略

(一)网络营销产品策略

1.产品标准化

在网络营销中,产品标准化成为提升消费者购买决策效率的关键一环。由于网络购物的特殊性,消费者无法直接接触实体产品,这使得他们对产品的了解主要依赖于网站上的文字描述、图片展示和用户评价。因此,实现产品标准化,确保每一款产品在质量、规格、包装等方面都保持一致性,对于增强消费者的购买信心至关重要。产品标准化不仅意味着产品本身的质量要稳定可靠,还要求在产品的描述和展示上做到准确无误。商家应详细列出产品的各项参数、材质、使用方法等信息,让消费者在浏览时就能对产品有全面的了解。同时,标准化的产品包装和配送服务也能提升消费者的购物体验,让他们在购买过程中感受到专业和规范。此外,产品标准化还有助于商家建立品牌形象,提升品牌知名度。当消费者多次购买同一品牌的标准化产品,并且每次都能获得满意的体验时,他们就会对该品牌产生信任和忠诚。这种信任和忠诚是商家宝贵的无形资产,能够推动品牌在网络营销中持续健康发展。

2. 重视产品认证

在网络营销中,产品认证是提升产品可信度和竞争力的重要手段。随着消费者对产品质量和安全的日益关注,拥有国际质量认证、行业认证或原产地认证的产品往往更容易获得消费者的青睐。以 ISO 9000 和 ISO 14000 认证为例,这些认证不仅代表了产品在质量和环境管理方面的高标准,更是商家对消费者的一种承诺和保障。当产品在网站上突出展示这些认证标志时,消费者能够直观地感受到产品的可靠性和专业性,从而增加对产品的信任感。除了国际认证外,行业认证和原产地认证也同样重要。行业认证能够证明产品在特定领域内的专业性和合规性,原产地认证能让消费者了解到产品的来源和生产背景。这些信息对于消费者来说都是非常有价值的,能够帮助他们做出更加明智的购买决策。因此,商家在网络营销中应充分重视产品认证的作用。他们应积极寻求并获得相关认证,同时在网站上对产品认证进行突出、醒目的介绍。这样不仅能够提升产品的可信度和竞争力,还能够增强消费者的购买意愿和忠诚度。

3. 产品差异化

随着技术水平和生产能力的不断提高,产品同质化现象愈发严重,这使得企业在性能和价格方面的竞争愈发艰难。因此,要想在网络营销中取得优势,企业就必须注重产品差异化,提供与众不同的产品和服务。产品差异化可以体现在多个方面,如产品设计、功能特性、用户体验等。企业可以通过独特的设计理念、创新的技术应用或个性化的服务方式,来打造具有鲜明特色的产品。这些差异化元素不仅能够满足消费者的个性化需求,还能够提升产品的附加值和竞争力。除了产品本身的差异化外,企业还可以通过营销策略来强化产品的差异化形象。例如,通过精准的市场定位、独特的品牌形象和创新的营销手段,来塑造产品在消费者心目中的独特地位。这样不仅能够吸引更多潜在消费者的关注,还能够提升品牌的知名度和美誉度。

(二)网络营销服务策略

1. 服务时空的个性化

在当今快节奏的数字化时代,服务时空的个性化成为网络营销服务中的重要一环。顾客不再满足于传统的服务模式,他们希望在自己希望的时间和地点得到所需的服务。这种对服务时空的个性化需求,促使企业必须调整其服务策略,以适应市场的变化。以网上银行为例,顾客无论身处何地,无论是在家中、办公室还是旅途中,只要能够连接互联网,就可以随时随地进行查询、转账等业务操作。这种服务时空的灵活性,不仅极大地方便了顾客,也提高了服务的效率和便捷性。企业通过网络平台,打破了时间和空间的限制,将服务延伸到顾客的每一个角落。而为了实现服务时空的个性化,企业需要建立完善的网络服务体系,包括稳定的服务器、安全的数据传输通道以及用户友好的操作界面。同时,企业还需要不断优化服务流程,提高服务响应速度,确保顾客在任何时候都能得到及时、有效的服务。通过这种个性化的服务时空策略,企业能够增强顾客的满意度和忠诚度,进而提升市场竞争力。服务时空的个性化是网络营销服务的必然趋势。随着技术的不断进步和顾客需求的日益多样化,企业需要不断创新服务模式,满足顾客对服务时空的个性化需求,才能在激烈的市场竞争中立于不败之地。

2. 服务方式的个性化

在现代社会,每个顾客都有自己独特的喜好和习惯,他们希望企业能够根据自己的个人喜好来提供服务。因此,企业必须关注顾客的个性化需求,提供多样化的服务方式。以银行业为例,为了满足顾客的个性化需求,银行提供了多种服务渠道,如电话银行、手机银行、网上银行、微银行等。顾客可以根据自己的喜好和习惯,选择最适合自己的服务方式。这种服务方式的个性化,不仅提高了服务的便捷性和灵活性,也增强了顾客的参与感和满意度。实现服务方式的个性化,需要企业具备强大的技术支持和创新能力。企业需要不断研发新的服务技术,优化服务流程,提高服务质量和效率。同时,企业还需要关注顾客的反馈和需求变化,及时调整服务方式,确保始终与顾客的需求保持同步。而且,服务方式的个性化是网络营销服务的重要组成部分。通过提供多样化的服务方式,企业能够满足顾客的个性化需求,增强顾客的满意度和忠诚度。并且这种个性化的服务方式也能够提升企业的品牌形象和市场竞争力,为企业的长远发展奠定坚实基础。

3. 服务内容的个性化

在网络营销服务中,顾客的需求千差万别,他们希望企业能够提供符合自己需求的服务内容,做到各取所需、各得其所。因此,企业必须注重服务内容的个性化,以满足顾客的多样化需求。实现服务内容的个性化,需要企业深入了解顾客的需求和偏好。通过市场调研、数据分析等手段,企业可以掌握顾客的消费习惯、兴趣爱好等信息,从而为顾客提供定制化的服务内容。例如,在电商平台中,企业可以根据顾客的购买历史和浏览记录,推荐符合其喜好的商品和服务;在在线教育平台中,企业可以根据学生的学习进度和兴趣点,提供个性化的学习资源和辅导服务。服务内容的个性化不仅能够提高顾客的满意度和忠诚度,还能够提升企业的市场竞争力。通过提供符合顾客需求的服务内容,企业能够吸引更多潜在客户的关注,扩大市场份额。同时,个性化的服务内容也能够增强企业的品牌形象和口碑效应,推动企业的长期发展。

(三) 网络营销价格策略

1. 高价撇脂策略

高价撇脂策略是指在产品生命周期的导入期,企业产品以高价投放于市场,以攫取高额利润,犹如从牛奶中撇走奶油一样。以后,随着销量和产量的扩大、成本的降低,再逐步降低价格。另外,不同类别的产品应采取不同的定价策略。对于日常生活用品等购买率高、周转快的产品,适合采用薄利多销、宣传网站、占领市场的定价策略;对于周转慢、销售与储运成本较高的特殊商品、耐用品,价格则可定得高一些,以保证必要的赢利;对于那些具有独特属性的产品,因为消费者无法通过网络利用感官直接了解产品的价值,主要依赖价格来判断产品的价值,所以企业可以借助高价位树立产品在网络市场上的独特形象。

由于高价撇脂策略与网络营销定价的特点相违背,所以采取此策略时一定要慎重。

2. 低价渗透策略

低价渗透策略就是企业把产品以较低的价格投放到网上市场,吸引网上顾客,抢占网上市场份额,提高网上市场占有率,以增强网上市场竞争优势。低价能使企业取得最大的网上市场销售量,并且能够有效阻止竞争者的跟进与加入。

低价渗透策略分为直接低价策略和折扣低价策略。直接低价策略是指产品价格在公布时就比同类产品定的价格要低;折扣低价策略是指企业发布的产品价格是网上销售、网下销售通行的统一价格,而对于网上顾客又在原价的基础上标明一定的折扣率来定价的策略。低价渗透策略与网络营销定价的特点相吻合,所以是网络营销中主要采用的一种价格策略。

3. 使用定价策略

使用定价策略就是顾客通过互联网进行必要的注册后,无须完全购买就可以直接使用企业的产品或服务,企业则按照顾客使用产品的数量或接受服务的次数进行计费。在商品交换活动中,产品的买卖一般是完整产权的转让,顾客购买产品后即拥有对产品的完整产权。随着经济的发展,人们的需求变化越来越快,产品更新换代的周期越来越短,许多产品购买后使用几次就有可能被新产品所替代,或者顾客对某种产品的使用只是偶尔的几次,这种变化的产生无疑制约了这些产品的销售。为适应这种情况,企业可以在网络营销中采用这种类似租赁的按使用次数定价的方式。这种定价方式,一方面,减少了企业为完全出售产品而付出的大量的生产和营销成本,同时还消除了潜在顾客的某些顾虑,促使顾客积极地使用企业的产品,从而扩大了企业产品的市场份额;另一方面,顾客只是根据使用次数付款,在充分满足需求的前提下,大大节约了产品的购买成本。

4. 定制生产定价策略

定制生产定价策略是在企业具备定制生产条件的基础上,利用网络技术和辅助设计软件,帮助消费者选择配置或者自行设计能满足自己需求的个性化产品,同时承担自己愿意付出的价格成本。例如,戴尔公司的用户可以通过其网页了解本型号产品的基本配置和基本功能,再根据实际需要和能承担的价格水平,配置出自己满意的产品。目前这种允许消费者自行定制生产、自行规定价格范围的营销方式还处于不太成熟的阶段,由于受技术或其他因素的局限,消费者只能在有限的范围内进行挑选,企业还不能做到完全按照消费者的个性化需求组织生产与供货。

5. 个性化定价策略

消费者往往对产品外观、颜色、样式等方面有具体的内在个性化需求,个性化定价策略就是利用网络互动性和消费者的需求特征,来确定商品价格的一种策略。网络的互动性能即时获得消费者的需求,使个性化营销成为可能,也使个性化定价策略有可能成为网络营销的一个重要策略。这种个性化服务是网络产生后营销方式的一种创新。

6. 自动调价、议价策略

根据季节变动、市场供求状况、竞争状况及其他因素,在计算收益的基础上,设立自动调价系统,自动进行价格调整。同时,建立与消费者直接在网上协商价格的集体议价系统,使价格具有灵活性和多样性,从而形成创新的价格。这种集体议价策略已在现在的一些网站中被采用。

(四)网络营销渠道策略

1. 渠道的推式策略

推式策略是指企业利用人员推销,以中间商为主要促销对象,把产品推入分销渠道最终推向市场。这种推销策略要求人员针对不同顾客、不同产品采用相应的推销方法。推式策略强调的是分销渠道上各环节人员的推销活动,重点在于人员促销与贸易促销。销售人员介绍产品的各种特性与利益,促成潜在客户的购买决策。推销方式主要有企业的销售人员访问批发商,企业的销售人员协同批发商的销售人员访问零售商,企业的销售人员再协同零售商的销售人员积极地向消费者推销产品。按照这种方式,产品顺着分销渠道,逐层向前推进推式策略是一种专注于将产品"推送"给特定受众消费者的策略，属于直接营销，可以带来更快的销售。

2. 渠道的拉式策略

拉式策略是指企业利用广告、公共关系和营业推广等促销方式，以最终消费者为主要促销对象，设法激发消费者对产品的兴趣和需求，促使消费者向中间商、中间商向制造商购买该产品。拉式策略的目的在于引起消费者的消费欲望，激发购买动机，从而增加分销渠道的压力。拉式营销从内部开始，专注于为新老客户建立和完善适销对路的品牌，通常需要比推式营销更长的时间来推动结果，但这种策略可确保长期的客户和迅速的增长。拉式营销的一个缺点是你公司可能无法迎合正确的目标受众。为了与你公司的消费者建立联系，你公司需要知道他们是谁，以及他们在寻找什么？例如，购买跑鞋的运动员可能对高跟鞋广告不感兴趣。推拉式营销策略可以协同工作，客户需要推动需求的创造和拉动来满足需求。公司采用哪种策略，将取决于公司的推拉式目标。确保公司的营销策略覆盖所有基础的有效方法，并且这些方法与公司的业务、受众和目标互补，结合这两种策略的最佳部分，完善现有策略达到预期目标。

3. 渠道的病毒式营销策略

所谓"病毒式营销"，是企业以短片、活动或者电子邮件的方式在全球网络社群发起的营销传播活动。它的本质就是让用户们彼此间主动谈论品牌，这种与品牌之间有趣的、不可预测的体验，利用快速复制的方式，使得信息像病毒一样传播和扩散，显示出强大的影响力。病毒式营销利用了目标消费者的参与热情，使其自愿参与到后续的传播过程中，转嫁了原本应由商家承担的广告成本。病毒式营销是自发的、扩张性的信息推广，是通过类似于人际传播和群体传播的渠道，产品和品牌信息被消费者传递给那些与他们有着某种联系的个体，使信息能够一传十，十传百。接收的"病毒"是受众从熟悉的人那里获得或者主动搜索而来的，在接受过程中会有积极的心态；接收渠道也比较私人化，如手机短信、电子邮件封闭论坛等。通过网络开展病毒式营销提升网络品牌的三大关键点是有价值、有创意、公共性话题。病毒式营销取得效果的首要原因在于其内容对于传播者的价值。网络用户喜欢一些实用性或者公共性强的话题,如果话题再有一些娱乐性,并且用"免费"作为诱饵,就可以更快地吸引人们的注意。病毒式营销在互联网上收到良好的效果,是因为即时通信变得容易而且廉价,数字格式使得复制更加简单。MSN、QQ等即时通信工具以及电子邮件等消费者举手之劳就可以实现的传播方式,为企业进行病毒式品牌传播带来便利。要瞄准易感人群,选择有效的品牌信息传播平台。要找到容易把消费信息迅速传播出去的"病毒感染源"。这些"感染源"可以是一些有名的论坛如天涯等,也可以是一些博客。通过良好的传播平台吸引易感人群,使品牌信息迅速扩散。

4. 渠道的线上、线下融合策略

线上营销渠道和线下营销渠道各有优势,也各有不足,两者相辅相成。企业应融合线上和线下渠道以取得更好的营销效果。对企业来说,线上与线下的广告、产品的质量和服务都应该是一致的。线下的宣传可以引导消费者群体关注线上的营销渠道,如公司的网站等,而线上的宣传也可以引导消费者在线下购买产品,让消费者自主地选择适合自己的消费方式,线上、线下两者完美结合才是营销的最佳手段。从未来发展看,任何单一的线上市场或单一的线下市场都难以承载企业更好的发展。线上、线下融合,全渠道发展是企业发展的主要方向。

(五) 网络营销促销策略

1. 网络销售促进策略

(1)折扣促销

折扣促销又称打折促销,是企业在特定市场范围和经营时期内,根据商品原价确定让利系数,进行减价销售的一种方式。这是目前网上最常用的一种促销方式。由于网上销售商品不能给人全面、直观的印象,也不可试用、触摸,再加上配送成本和付款方式的复杂性,因此消费者网上购物和订货的积极性会下降,而幅度比较大的折扣可以吸引他们尝试进行网上购物,并做出购买决定。

(2)抽奖促销

抽奖促销是网上应用较广泛的促销形式之一,是大部分网站愿意采用的促销方式。抽奖促销是以一个人或数人获得超出参加活动成本的奖品为手段从而进行商品或服务的促销。网上抽奖活动主要附加于调查、产品销售、扩大用户群、庆典、推广某项活动等。消费者或访问者通过填写问卷、注册、购买产品或参加网上活动等方式获得抽奖机会。开展网上抽奖促销活动时,一方面奖品要有诱惑力,可考虑用大额超值的产品吸引人们参加。另一方面,活动参加方式要简单化。太过复杂和难度太大的活动较难吸引匆匆的访客。而且抽奖结果要公正公平。由于网络的虚拟性和参加者具有广泛地域性,因此抽奖结果的真实性要有一定保证,应该及时请公证人员进行全程公证,并及时通过E-mail、公告等形式向参加者通告活动进度和结果。

(3)赠品促销

赠品促销是指企业在一定时期内为扩大销量,迫于市场压力,向购买本企业产品的消费者实施馈赠的促销行为。赠品促销是最古老,也是最有效、最广泛的促销手段。赠品促销应注意赠品的选择:一是不要选择次品、劣质品作为赠品,这样做只会起到适得其反的作用;二是明确促销目的,选择适当的能够吸引消费者的产品或服务;三是注意时间和时机,注意赠品的时间性,如冬季不能赠送只在夏季才能用的物品;四是注意预算和市场需求,赠品要在能接受的预算内,不可过度地赠送赠品而造成营销困境。

(4)积分促销

许多网站都支持虚拟积分,客户每消费一次,给会员累计积分,这些积分可以兑换小赠品或在以后的消费中当成现金使用。积分促销在网络上的应用比起传统营销方式要简单和易操作。网上积分活动很容易通过编程和数据库等来实现,并且结果可信度很高,操作起来相对较为简便。积分促销一般设置价值较高的奖品,消费者通过多次购买或多次参加某项活动来增加积分以获得奖品。积分促销可以增加上网者访问网站和参加某项活动的次数,增加上网者对网站的忠诚度,从而提高网站的知名度

(5)网络联合促销

联合促销是指两个以上的企业或品牌合作开展促销活动。这种做法的最大好处是可以使联合体内的各成员以较少费用获得较好的促销效果。联合促销的产品或服务有一定的优势互补、互相提升自身价值等效应。如网络公司

可以和传统商家联合,以提供在网络上无法实现的服务等。

2. 网络站点推广策略

(1)搜索引擎注册

调查显示网民在找新网站时主要通过搜索引擎来实现的,因此企业在著名的搜索引擎进行注册是非常必要的,而且在搜索引擎进行注册一般都是免费的。

(2)建立链接

①在行业站点上申请链接

如果站点属于某些不同的商务组织,而这些组织建有会员站点,那么企业应及时向这些会员站点申请一个链接。

②申请交互链接

企业应寻找具有互补性的站点,并向它们提出进行交互链接的要求。为通向其他站点的链接设立一个单独的页面,这样就不会使刚刚进入网站的顾客,转眼间就去浏览别人的站点。

③在商务链接站点申请链接

特别是当站点提供免费服务的时候,企业可以向网络上的许多小型商务链接站点申请链接。只要站点能提供免费的东西,就可以吸引许多站点为你建立链接。在寻找链接伙伴时,企业通过搜索寻找可能为站点提供链接的地方,然后向该站点的所有者或主管发送电子邮件,告诉他们可以链接的站点名称、URL 以及 200 字的简短描述。

(3)发送电子邮件

电子邮件的发送费用非常低,许多网站都利用电子邮件来宣传站点。当企业利用电子邮件来宣传站点时,首要任务是收集电子邮件地址。为防止发送一些令人反感的电子邮件,收集电子邮件地址时要非常注意。一般可以利用站点的反馈功能记录愿意接收电子邮件用户的电子邮件地址。另外一种方式,是通过租用一些愿意接收电子邮件信息的通信列表,这些通信列表一般是由一些提供免费服务的公司收集的。

(4)发布新闻

企业应及时掌握具有新闻性的事件,并定期把这样的新闻发送到行业站点和印刷品媒介上,将站点在公告栏和新闻组上加以推广。互联网使得具有相同专业兴趣的人组成成千上万的具备很强针对性的公告栏和新闻组。比较好的做法是加入这些讨论,让邮件末尾的"签名档"发挥推广的作用。

(5)提供免费服务

提供免费资源,虽然在时间和精力上的代价都是昂贵的,但其在增加站点流量上的功效可以得到回报。应当注意,所提供的免费服务应是与所销售的产品密切相关的,这样所吸引来的访问者同时也就可以成为良好的业务对象。企业也可以在网上开展有奖竞赛,因为人们总是喜欢免费的东西。如果在站点上开展有奖竞赛或者是抽奖活动,那么将产生很大的访问流量。

3. 网络公共关系策略

(1)利用网络新闻发布进行公关

网络新闻发布就是企业利用互联网发布本企业或产品的相关信息的新闻。当前,互联网已经成为人们获得新闻的重要来源,杂志编辑和报纸记者也都积极地从网上搜索时事新闻、争论等信息。企业除了在自己的站点发布新闻外,还应该到一些知名的网络新闻服务商的网站发布企业或产品信息,发布之前可以用 E-mail 通知有关的新闻记者,并根据新闻工作者的需要,为他们提供有关公司、部门、产品、服务等各方面的信息,并保证新闻工作者与企业掌握信息的人员便利接触。

(2)利用邮件清单进行公关

邮件清单是一种允许公司将信息发送到清单上的 E-mail 地址信箱中的工具。E-mail 具有能够在不同的网络系统中传输大量文本、图片、音频信息的优势,可以满足企业客户多的特性,为企业提供服务。企业在采用邮件清单策略时,一方面,要注意网络礼仪,正确的语法和拼写、详略得当的标题以及真实的署名,会给对方留下较好的印象;另一方面,企业可以创建双向邮件清单,允许成员之间交流,让成员之间相互帮助,解决问题。

第三节　大数据与精准营销实践

一、大数据精准营销的优势

(一)提高营销效率

传统营销方式往往采用广撒网的形式,不仅资源浪费严重,而且效果难以精准评估。而大数据精准营销则通过深度挖掘和分析用户数据,能够精准定位目标受众,确保营销信息能够准确触达潜在用户。这种精准定位不仅减少了无效的市场投入,还使得营销资源得到更加合理的分配和利用。企业可以根据数据分析结果,制定更加有针对性的营销策略,避免盲目跟风或凭经验做事,从而提高营销资源的利用效率。同时,大数据还能实时监测营销活动的效果,及时调整策略,确保营销活动的持续优化和高效运行。这种以数据为驱动的营销方式,不仅提升了营销效率,还为企业带来了更高的投资回报率,使企业在激烈的市场竞争中保持领先地位。

(二)增强用户体验

在数字经济时代下,大数据精准营销为增强用户体验提供了有力支持。通过收集和分析用户的消费习惯、兴趣爱好、社交行为等多维度数据,企业能够深入了解每个用户的个性化需求。这种深入了解使得企业能够为用户提供更加定制化的产品和服务,满足用户的独特需求,从而提升用户的满意度。例如,电商平台可以根据用户的浏览记录和购买历史,推荐符合其口味的商品;内容平台则可以根据用户的阅读偏好,推送其感兴趣的文章或视频。这种个性化的服务不仅增强了用户的黏性,还提高了用户的忠诚度,使企业能够在激烈的市场竞争中赢得用户的青睐和信任。

(三)促进销售增长

大数据精准营销在促进销售增长方面发挥着至关重要的作用。通过精准的营销策略和个性化的推荐,企业能够有效提高用户的购买意愿和转化率。大数据能够分析用户的购买行为和偏好,帮助企业识别出潜在的高价值用户,并针对这些用户制定更加精准的营销方案。同时,大数据还能预测用户的购买趋势,使企业能够提前准备库存,满足市场需求。这种以数据为基础的营销策略,不仅提高了销售效率,还增加了交叉销售和追加销售的机会。此外,大数据还能帮助企业优化定价策略,根据市场需求和竞争状况灵活调整价格,从而最大化销售收益。综上所述,大数据精准营销是推动销售增长的重要引擎,为企业带来了显著的业绩增长。

(四)优化库存管理

在数字经济时代,大数据精准营销对于优化库存管理具有不可估量的价值。通过预测性分析,企业能够提前了解市场需求和消费者购买趋势,从而做出更加科学的库存决策。大数据能够分析历史销售数据、季节性因素、促销活动等多种信息,准确预测未来一段时间内的销售量。这种预测能力使得企业能够合理安排库存水平,避免过度库存或缺货现象的发生。过度库存会导致资金占用和仓储成本增加,而缺货则会影响客户满意度和销售机会。通过大数据精准预测,企业可以实现库存的动态平衡,提高库存周转率,降低库存成本。同时,大数据还能帮助企业优化供应链管理,确保商品能够及时、准确地送达客户手中,提升整体运营效率。因此,大数据精准营销在优化库存管理和供应链管理方面发挥着至关重要的作用。

二、实现大数据精准营销的关键

(一)数据收集

1. 线上数据收集

线上数据收集主要通过企业官网、App、社交媒体、电商平台等数字渠道进行。这些渠道产生的数据包括用户行为数据(如浏览记录、点击率、停留时间)、交易数据(如购买记录、支付金额)、用户基本信息(如年龄、性别、地域)等。为了高效收集这些数据,企业需要部署先进的数据追踪和分析工具,如网站分析工具、App 埋点技术等,确保数据的实时性和准确性。同时,企业还应关注社交媒体和电商平台上的用户评论、评价等反馈数据,这些数据能够反映用户对产品和服务的真实感受,为营销策略的调整提供重要参考。

2. 线下数据收集

线下数据收集相对复杂,但同样重要。企业可以通过会员卡、POS 系统、智能设备等方式收集顾客在实体店的消费数据。例如,会员卡可以记录顾客的购买历史、积分兑换情况;POS 系统可以捕捉交易时间、购买商品种类和数量等信息;智能设备如人脸识别技术、Wi-Fi 探针等可以追踪顾客在店内的行为路径和停留时间。

为了整合线上线下数据,企业需要建立统一的数据管理平台,实现数据的集中存储、清洗和标准化处理。这样,企业就能获得一个全面、准确、完整的用户画像,为后续的数据分析和营销决策提供有力支持。

(二) 数据分析与挖掘

1. 数据预处理

在进行数据分析之前,首先需要对收集到的原始数据进行预处理。这包括数据清洗(去除重复、无效或错误的数据)、数据转换(将数据转换成适合分析的格式)和数据归一化(将不同量级的数据统一到同一量级上)等步骤。通过数据预处理,可以确保数据分析的准确性和可靠性。

2. 数据分析方法

数据分析方法多种多样,包括描述性统计、关联分析、聚类分析、回归分析等。描述性统计可以揭示数据的基本特征和分布规律;关联分析可以发现不同变量之间的相关性和依赖关系;聚类分析可以将相似的对象归为一类,帮助识别用户群体;回归分析可以预测未来趋势和结果。在大数据精准营销中,企业通常需要综合运用多种分析方法,从多个角度揭示数据背后的秘密。例如,通过关联分析可以发现哪些商品经常一起被购买,从而制定捆绑销售策略;通过聚类分析可以识别出不同用户群体的消费偏好,为个性化推荐提供依据。

3. 数据挖掘算法

数据挖掘算法是实现数据分析与挖掘的核心工具。常用的数据挖掘算法包括决策树、随机森林、支持向量机、神经网络等。这些算法能够处理大规模、高维度的数据,挖掘出隐藏的规律和模式。企业需要根据自身的业务需求和数据特点选择合适的挖掘算法。例如,决策树算法适用于分类和预测问题;随机森林算法可以提高模型的准确性和稳定性。

(三)营销策略制定与执行

1. 个性化营销策略

个性化营销策略是大数据精准营销的核心。企业需要根据用户的画像、行为数据和偏好,制定针对性的营销信息和推荐内容。例如,对于经常购买高端产品的用户,可以推送高端品牌的促销信息;对于关注健康饮食的用户,可以推荐健康食品或健身器材。个性化营销策略不仅限于产品推荐,还包括定价策略、促销活动等。例如,通过数据分析发现某类用户对价格敏感,企业可以针对这类用户制定限时折扣或满减优惠等促销活动。

2. 自动化营销平台

为了实现个性化营销策略的高效执行,企业需要搭建自动化营销平台。自动化营销平台能够根据用户的实时行为和触发条件,自动发送营销信息或执行营销活动。例如,当用户浏览了某个商品页面但并未购买时,自动化营销平台可以立即发送一封包含该商品优惠信息的邮件或短信,提醒用户完成购买。自动化营销平台不仅提高了营销效率,还确保了营销信息的及时性和准确性。同时,自动化营销平台还能实时追踪营销活动的效果,为策略调整提供数据支持。

三、大数据在精准营销中的应用

(一)市场消费群体细分

在大数据的助力下,客户细分不再仅仅是一种理论上的概念,而是成为企业营销实践中的得力助手。通过深入的数据分析,企业能够对庞大的用户群体进行精细化分类,如同一位细心的匠人,精心雕琢出每一个细分市场的轮廓。这些细分市场中的用户,具有相似的消费特征、需求和行为模式,他们仿佛被一种无形的纽带紧紧相连。企业可以根据这些细分市场的特性,量身定制产品和服务,满足不同用户群体的独特需求。这种个性化的营销策略,如同一把精准的钥匙,能够打开用户的心门,提高营销效果。无论是产品的设计、价格的设定,还是促销活动的策划,都能更加贴近用户的实际需求,从而提升用户的满意度和忠诚度。同时,客户细分还有助于企业优化资源配置,将有限的营销资源投入到最具潜力的细分市场中,实现营销效果的最大化。这种基于大数据的客户细分策略,正逐渐成为企业精准营销的核心竞争力。

(二)精准内容推荐

在大数据时代,精准内容推荐如同一股清流,为企业的营销活动注入了新的活力。通过分析用户的购物记录、浏览历史以及搜索行为等信息,企业能够洞悉用户的消费偏好和兴趣点,如同一位贴心的朋友,时刻关注着用户的每一个细微变化。运用协同过滤、机器学习等先进技术,企业能够实现商品或服务的个性化推荐,将最符合用户需求的商品或服务推送到用户的面前。这种推荐方式不仅能够提高转化率,让用户在众多的商品或服务中迅速找到心仪之选,还能增强用户黏性,让用户对企业的品牌产生更深的依赖和信任。精准内容推荐不仅提升了用户的购物体验,还为企业带来了更多的商机。通过不断优化推荐算法和模型,企业能够更准确地把握用户的消费需求和变化,及时调整营销策略和产品组合,从而在激烈的市场竞争中脱颖而出。

(三)动态定价

在大数据的赋能下,通过实时分析市场需求、竞争态势、库存情况以及消费者购买意愿等数据,企业能够精准地把握市场动态,如同一位敏锐的猎手,时刻捕捉市场的每一个细微变化。基于这些实时数据,企业可以灵活调整产品价格,实施动态定价策略。在市场需求旺盛时,适当提高产品价格,以实现利润最大化;在市场需求疲软时,则降低产品价格,以刺激销售。这种灵活的定价策略,不仅有助于企业优化利润空间,还能增强企业的市场竞争力。同时,动态定价策略还能够促进资源的优化配置。通过实时调整产品价格,企业可以引导消费者更加合理地分配消费资源,避免资源浪费和过度竞争。这种基于大数据的动态定价策略,正逐渐成为企业精准营销的重要手段之一。

(四)营销自动化

在大数据的推动下,营销自动化为企业的营销活动提供了强有力的支持。通过构建自动化营销平台,企业能够利用数据触发特定的营销活动,如同一位精准的射手,时刻瞄准市场的每一个目标。例如,企业可以根据用户的购物行为和偏好,发送定制化的邮件、短信提醒或推送通知等,在合适的时间将合适的优惠信息推送给合适的用户。这种个性化的营销方式,不仅能够提高用户的参与感和满意度,还能提升营销效果和转化率。同时,营销自动化还能够降低企业的营销成本和提高工作效率。通过自动化营销平台,企业可以实现营销活动的批量处理和自动化执行,减少人工干预和成本支出。这种基于大数据的营销自动化策略,正逐渐成为企业精准营销的未来发展趋势。

第四节　内容营销与品牌塑造策略

一、数字经济时代内容营销策略

(一)基于目标受众的内容定位

1. 深入研究目标受众

在数字经济时代,内容营销的核心之一在于精准定位目标受众。为了实现这一目标,企业需要投入大量时间和精力去深入研究潜在客户的兴趣偏好、行为习惯以及购买决策过程。通过市场调研、数据分析等手段,企业可以逐步描绘出目标受众的画像,包括他们的年龄、性别、职业、收入水平、消费习惯等关键信息。基于这些信息,企业可以更加准确地把握目标受众的需求和痛点,从而确定内容的创作方向和风格。例如,对于年轻受众群体,内容可以更加时尚、活泼,注重娱乐性和互动性;对于中老年受众群体,内容则可以更加稳重、实用,注重信息的准确性和权威性。

2. 提供有价值的内容

内容营销的核心之二在于提供有价值的内容,以吸引并留住目标受众。有价值的内容不仅仅是指产品的介绍和推广,更包括行业资讯、专业知识、生活技巧等方面。企业可以通过撰写博客文章、发布白皮书、制作教程视频等形式,为受众提供全面、深入的信息和服务。同时,内容还应紧密围绕目标受众的需求和痛点,解答他们的疑问或提供他们所需的信息。这样,受众在获取有价值的内容的同时,也会对品牌产生信任和好感,从而建立起与品牌之间的情感连接。

(二) 多样化内容形式

1. 博客文章与社交媒体内容

博客文章是内容营销的重要形式之一。通过撰写专业的博客文章,企业可以展示自己在行业内的专业知识和见解,吸引潜在客户的关注。同时,博客文章还可以通过搜索引擎优化(SEO)等手段,提高品牌的曝光率和知名度。社交媒体内容也是不可或缺的一部分。在社交媒体平台上,企业可以通过发布短视频、图片、文字等多种形式,与受众进行互动和交流。社交媒体内容的优势在于其即时性和互动性,可以迅速传播品牌信息,引发受众的共鸣和讨论。

2. 视频与播客内容

视频内容在数字经济时代具有越来越重要的地位。通过制作产品演示视频、客户案例视频、行业访谈视频等,企业可以更加直观地展示产品的特点和优势,增强受众的购买意愿。同时,视频内容还可以通过视频平台、社交媒体等渠道进行广泛传播,扩大品牌的影响力。播客作为一种新兴的音频内容形式,也逐渐受到越来越多人的喜爱。通过制作相关的播客节目,企业可以邀请行业专家、意见领袖等进行深入讨论和交流,为受众提供有价值的音频内容。播客内容的优势在于其便携性和陪伴性,受众可以在任何时间、任何地点收听播客节目,加深对品牌的认知和了解。

3. 多渠道内容分发

在数字经济时代,受众的信息获取渠道日益多样化。因此,企业需要根据目标受众的偏好选择合适的渠道进行内容分发。除了传统的官方网站和电子邮件营销外,还可以考虑在社交媒体平台、视频平台、音频平台等多渠道进行内容分发。

通过多渠道内容分发,企业可以扩大内容的曝光率和传播效果,吸引更多潜在客户的关注。同时,不同渠道的内容形式也可以相互补充和协同,形成更加完整的内容营销体系。

(三)注重内容质量与创意

1. 确保内容质量

高质量的内容是吸引并留住受众的关键。企业需要确保内容具有原创性、实用性和吸引力,能够解答受众的疑问或提供他们所需的信息。为了保证内容的质量,企业可以建立严格的内容审核机制,对发布的内容进行把关和筛选。同时,企业还可以邀请行业专家、意见领袖等参与内容的创作和审核过程,提高内容的权威性和可信度。只有确保内容的质量,才能赢得受众的信任和认可,从而建立起与品牌之间的长期关系。

2. 注重内容创意

在内容质量得到保证的基础上,企业还需要注重内容的创意和表现形式。创意是内容营销的灵魂,只有具有创意的内容才能吸引受众的注意力和兴趣。企业可以通过采用故事讲述、数据支持、注意视觉效果等手法,提升内容的吸引力和传播力。例如,可以通过讲述客户成功案例的故事,展示产品在实际应用中的效果和价值;可以通过数据支持和图表展示,更加直观地呈现产品的优势和特点;可以通过精美的视觉效果和设计元素,提升内容的观赏性和美感。这些创意和表现形式都可以使内容更加生动有趣,引发受众的共鸣和讨论。

二、数字经济时代品牌塑造策略

(一)树立数字化思维,引领品牌建设新方向

1. 数字化技术赋能品牌定位

品牌定位是品牌塑造的基石,它决定了品牌在消费者心中的位置和形象。

在数字经济时代,企业可以利用大数据、人工智能等先进技术,对消费者需求和市场趋势进行深入分析,从而精准定位品牌。通过数据分析,企业可以了解消费者的偏好、购买行为以及消费习惯,为品牌定位提供科学依据。同时,企业还可以借助社交媒体、在线调查等渠道,收集消费者的反馈和意见,进一步调整和优化品牌定位。

2. 数字化驱动产品设计创新

产品设计是品牌与消费者直接接触的环节,也是品牌塑造的重要一环。在数字经济时代,企业可以利用数字化技术推动产品设计创新,满足消费者日益多样化的需求。例如,通过 3D 打印技术,企业可以快速制作样品,缩短产品开发周期;通过虚拟现实技术,消费者可以在线上体验产品,提高购买决策的准确性。此外,企业还可以利用大数据分析消费者的使用习惯和需求,为产品设计提供个性化定制方案。

3. 数字化营销推广拓展品牌影响力

营销推广是品牌塑造的重要手段,也是品牌与消费者建立联系的桥梁。在数字经济时代,企业应积极利用数字化营销推广方式,拓展品牌影响力。通过社交媒体、搜索引擎优化、内容营销等渠道,企业可以与消费者建立更紧密的联系,提高品牌知名度和美誉度。同时,企业还可以利用大数据分析消费者的购买行为和偏好,为营销推广提供精准定位策略,提高营销效果。

(二) 构建品牌故事与文化,深化消费者情感连接

1. 讲述品牌背后的故事

每个品牌都有其独特的诞生背景和发展历程,在这个过程中发生了很多故事,这些故事是品牌宝贵的财富。企业应通过讲述品牌背后的故事,让消费者了解品牌的起源、成长和变革过程,从而增强消费者对品牌的认同感和归属感。例如,企业可以通过官方网站、社交媒体等渠道发布品牌故事文章或视频,让消费者更加深入地了解品牌。

2. 传达品牌的价值观和理念

品牌的价值观和理念是品牌文化的核心,它们决定了品牌的行为准则和

发展方向。企业应通过各种渠道传达品牌的价值观和理念,让消费者了解品牌所追求的价值和目标。例如,企业可以在广告宣传中强调品牌的环保理念、社会责任等,让消费者感受到品牌的正能量和积极形象。

3. 展示品牌的社会责任感和人文关怀

品牌的社会责任感和人文关怀是品牌塑造的重要组成部分。企业应积极参与公益活动、支持社会事业发展,展示品牌的社会责任感。同时,企业还应关注消费者的需求和感受,提供优质的产品和服务,体现品牌的人文关怀。例如,企业可以定期举办线下公益活动,邀请消费者参与,增强品牌与消费者之间的情感联系。

(三) 强化品牌形象与视觉识别,提升品牌知名度

1. 设计具有辨识度的品牌元素

品牌标识、色彩和字体等元素是品牌形象的重要组成部分。企业应设计具有辨识度的品牌元素,使消费者在众多品牌中能够迅速识别出自己心仪的品牌。例如,企业可以聘请专业设计师设计独特的品牌标识和字体,选择符合品牌形象的色彩搭配,形成统一的品牌形象。

2. 提升品牌知名度和美誉度

通过高质量的视觉内容和创意广告,企业可以提升品牌的知名度和美誉度。例如,企业可以制作精美的产品图片、视频和动画等视觉内容,展示产品的特点和优势;可以策划创意广告活动,吸引消费者的注意力和兴趣。这些视觉内容和广告活动可以在官方网站、社交媒体、电视等渠道进行传播,扩大品牌的影响力。

3. 保持品牌形象的一致性

在不同渠道和平台上呈现统一的品牌形象和风格是品牌塑造的关键。企业应确保在不同渠道和平台上使用的品牌形象元素和视觉内容保持一致,避免给消费者造成混淆和误解。例如,企业可以制定品牌形象使用规范,明确品牌标识、色彩和字体等元素的使用方式和标准;可以对合作伙伴和渠道商进行培训和指导,确保他们正确使用品牌形象元素。

（四）深化用户体验,推动品牌知名度提高

1. 注重体验

消费者的个性化消费趋势、网络的丰富和多样性,以及先进的技术手段,有助于企业为消费者创建差异化的营销传播环境,针对个人特征开展一对一的精准营销活动。消费者的参与性增强,消费者希望与企业有更加深入的沟通互动,这正是体验营销的核心。体验营销拥有强大互动性的特点,为消费者提供了良好的参与平台。消费者的品牌感性认知需求使消费者越来越趋向于对品牌感性层面的精神追求,而网络多媒体的信息表现形态支持这种品牌体验。在网络中,这种体验最明显的表现就是网络游戏营销。在游戏的特定情境中设置植入式广告,能够给消费者带来全新的品牌体验,有效地避免了消费者对强制性广告的抵触心理。此外,它还表现在消费者通过企业官方网站,了解品牌文化、在线模拟产品使用等。具体来说,在网络上有很多可以与消费者对接的体验接触点。这种对接主要体现在浏览体验、感官体验、交互体验和信任体验等方面。其中,浏览体验是指网络品牌信息接触的顺畅,主要表现在网络内容设计的方便性、排版的美观、网站与消费者沟通的互动程度等。在这个过程中,感官体验充分利用互联网可以传递多种媒体信息的特点,让消费者通过视觉、听觉实现对品牌的感性认识,使其易于区分不同公司及产品,达到激发兴趣和增加品牌价值的目的。此外,交互体验通过促进消费者与品牌之间的双向传播,以论坛、留言板等方式实现。消费者将对网络品牌体验的感受再反馈给品牌,提高了品牌对于消费者的适应性和消费者的积极性。另外,信任体验网站的权威性、信息内容的准确性以及在搜索引擎中的排名化都构成了消费者对于网络品牌信任的体验程度。

2. 利用网络社区进行品牌传播

网络社区是互联网上特有的一种社会形态,通过将具有共同兴趣或特征的访问者集中到一个虚拟空间,使这些消费群体建立起某种经常性的联系,提供自由交流的平台。参与程度高、互动性强、主题特定、具有心理归属感的网络社区便于企业向用户传达品牌信息,用户间口碑传播的力量更使品牌传播效果已不仅仅是单个累加,而是几何级数的增长。有调查显示:77%的在线购

买者会参考其他用户写的产品评价,而这些人往往对网站拥有更高的忠诚度;超过90%的大公司相信,用户推荐在影响用户是否购买的决定性因素中是非常重要的。社区中舆论对于某产品或品牌的意见,甚至具有高于广告效果数倍的影响力。但是,这种人际传播方式虽然迅速、影响力大,但也可能传递负面的品牌信息。

第五节 跨渠道整合营销的实施与优化

一、数字经济时代背景下,跨渠道整合营销的实施

(一)统一品牌信息,强化品牌一致性

1. 品牌信息统一化

在数字经济时代背景下,跨渠道整合营销成为品牌传播的重要策略。为了确保品牌在各个渠道上都能传递出一致的信息,企业必须注重品牌信息的统一化。这不仅仅局限于品牌形象的统一,还包括品牌声音、品牌故事等各个方面。品牌形象是消费者对品牌的第一印象,因此必须在所有渠道上保持一致,无论是线上还是线下,都要展现出品牌的独特魅力和价值。同时,品牌声音也是品牌信息的重要组成部分,它体现了品牌的个性和态度,必须在各个渠道上保持统一,以增强品牌的辨识度和记忆度。此外,品牌故事是品牌与消费者建立情感联系的桥梁,通过在不同渠道上讲述一致的品牌故事,可以加深消费者对品牌的认知和认同,从而提升品牌在消费者心中的地位。

2. 多渠道协同

在数字经济时代,消费者获取信息的渠道日益多元化,因此,跨渠道整合营销必须注重多渠道的协同。企业应根据不同渠道的特点和受众习惯,制定协同的营销策略,确保品牌在各个渠道都能得到有效传播。例如,在社交媒体上进行品牌宣传,可以吸引年轻消费者的关注,并引导他们到电商平台进行购买;在电商平台,通过提供个性化的推荐和优惠,可以促进消费者的转化;在实体店,则通过提供优质的购物体验,增强消费者对品牌的忠诚度和黏性。这种

多渠道的协同营销,不仅提升了品牌的曝光度和影响力,还为消费者提供了更加便捷、全面的购物体验。

(二)提供无缝的购物体验

1. 跨渠道购物流程

在数字经济时代,消费者对于购物体验的要求越来越高,他们希望在不同渠道之间能够享受到无缝的购物体验。因此,跨渠道整合营销必须注重购物流程的无缝衔接。企业应通过技术手段,实现线上线下的深度融合,让消费者可以在线上浏览产品、下单购买,然后到线下实体店提货或享受售后服务,也可以让消费者在线下体验产品后,通过线上渠道进行购买。这种跨渠道的购物流程,不仅满足了消费者多样化的购物需求,还提升了购物的便捷性和效率。为了实现这一目标,企业需要不断优化购物流程,提升技术支持,确保消费者在不同渠道之间能够顺畅地切换和购物。

2. 跨渠道服务体验

企业应根据消费者的数据和行为,为他们提供个性化的服务。例如,根据消费者的购买历史和偏好,推荐相关的产品或服务,让消费者感受到品牌的关怀和贴心;在特殊节日或消费者生日时,发送个性化的祝福和优惠信息,增强消费者与品牌之间的情感联系。这种跨渠道的服务体验,不仅提升了消费者的满意度和忠诚度,还为品牌赢得了更多的口碑和传播。为了实现这一目标,企业需要建立完善的客户管理系统,不断收集和分析消费者的数据和行为,为他们提供更加精准、个性化的服务。同时,企业还应注重服务的创新和升级,不断满足消费者日益增长的服务需求。

(三)整合营销工具与技术

1. 利用营销技术

在数字经济时代背景下,跨渠道整合营销的实施离不开先进的营销工具与技术。客户管理系统作为核心工具,能够帮助企业全面管理客户信息,实现客户数据的集中存储和分析,为精准营销提供有力支持。数据分析平台则通过对海量数据的挖掘和分析,揭示消费者行为规律,为营销策略的制定提供科学依据。同时,自动化营销工具的应用,如邮件营销自动化、社交媒体自动化等,极大地提高了营销流程的效率和精准度。这些工具能够根据预设规则,自动执行营销任务,如发送个性化推广信息、跟踪客户互动等,实现了营销流程的自动化和智能化。企业应积极拥抱这些营销技术,不断提升营销效率和效果,以在激烈的市场竞争中脱颖而出。

2. 创新技术应用

随着科技的飞速发展,增强现实(AR)、虚拟现实(VR)等新技术不断涌现,为消费者带来了前所未有的购物体验。例如,通过 AR 技术,消费者可以在线上试穿服装,模拟家居布置,甚至体验旅游景点的实景效果,这种沉浸式的购物体验极大地提升了消费者的参与感和满意度。企业应积极探索这些新兴技术的应用,将其融入营销策略中,为消费者创造更多新颖、有趣的购物场景,从而增强品牌吸引力和市场竞争力。

二、数字经济时代背景下,跨渠道整合营销的优化策略

(一)持续监测

在数字经济时代背景下,跨渠道整合营销的优化是一个持续的过程,为了确保营销策略和活动的有效性,企业必须建立跨渠道营销效果评估体系,对各个渠道的活动效果进行全面监测和分析。通过对比不同渠道的数据指标,如流量、转化率、销售额等,企业可以直观地了解各渠道的表现情况,及时发现潜在问题并进行调整。同时,建立反馈循环机制也是至关重要的,它能够帮助企业根据评估结果及时调整营销策略和活动,确保营销活动的持续优化和改进。通过这样的持续监测和优化过程,企业能够不断提升营销效果和客户满意度,实现跨渠道整合营销的价值最大化。

(二)优化客户旅程

在跨渠道整合营销的优化过程中,企业需要通过绘制客户旅程地图,全面识别客户在各个渠道上的接触点和痛点。从客户初次了解品牌到最终购买产

品的整个过程,每一个接触点都是影响客户体验的关键因素。因此,企业必须对这些接触点进行深入分析,找出可能导致客户流失或不满的原因,并针对性地进行优化。通过简化购物流程、提供个性化推荐、加强售后服务等方式,企业可以减少客户的决策成本和购买障碍,提升客户体验。同时,企业还应持续关注客户反馈,及时调整和优化客户旅程,确保客户在各个渠道上都能享受到一致且优质的购物体验。这样的优化过程不仅能够提升客户满意度和忠诚度,还能够为企业带来更多的口碑传播和市场份额。

(三)加强跨部门协作

1. 建立跨渠道团队

在数字经济时代背景下,跨渠道整合营销已成为品牌发展的必然趋势。为了优化这一过程,组建一支跨渠道的营销团队显得尤为重要。这支团队应涵盖线上营销、线下活动、数据分析、客户管理等多领域的专业人才。线上营销专家负责在数字平台上推广品牌,线下活动策划者通过实体活动增强品牌与消费者的互动。数据分析师运用大数据技术挖掘消费者行为模式,为营销策略提供数据支持。客户管理人员负责维护客户关系,提升客户满意度。团队成员紧密协作,共同制定和执行跨渠道营销策略,确保品牌信息在不同渠道上的一致性和协同性。通过团队协作,品牌能够更精准地定位目标受众,提供个性化的营销服务,从而在激烈的市场竞争中脱颖而出。

2. 信息共享与协同

在数字经济时代,信息就是资源,就是竞争力。因此,建立信息共享平台至关重要。这一平台应确保不同渠道之间的信息畅通无阻,实现资源共享和策略协同。线上渠道获取的消费者数据可以及时传递给线下渠道,线下渠道的活动反馈也能迅速反馈至线上,形成闭环。跨部门协作能够打破信息孤岛,促进资源优化配置,形成合力。通过信息共享与协同,品牌能够更快速地响应市场变化,调整营销策略,提升整体营销效果,实现品牌的可持续发展。

（四）跨渠道营销内容与形式创新

1. 内容创新

在数字经济时代背景下，跨渠道整合营销的内容创新是提升品牌吸引力的关键。不同渠道有着各自的特点和受众习惯，因此，制作适合的内容至关重要。在社交媒体上，短视频以其生动、直观的特点深受年轻人喜爱，品牌可以通过短视频展示产品特色、使用场景，拉近与消费者的距离。图文内容则适合传递详细信息，如产品功能、使用说明等。直播形式更是让消费者能够实时互动，增强购物体验。在电商平台上，详细的产品描述和用户评价是消费者决策的重要依据。品牌应充分利用这些渠道的特点，制作富有创意、引人入胜的内容，吸引消费者的注意力，提升品牌知名度。

2. 形式多样化

线上线下联动的活动能够让消费者在不同场景下都能感受到品牌的魅力。例如，线上发起话题挑战，线下举办相关活动，形成线上线下互动的热潮。跨界合作是品牌拓展受众范围、提升品牌美誉度的有效途径。通过与不同领域的品牌或 IP 合作，共同推出联名产品或活动，能够吸引更多消费者的关注。社交媒体挑战赛是利用社交媒体的传播力量，让消费者参与其中，形成病毒式传播。这些多样化的营销形式不仅能够吸引消费者的注意力和兴趣，还能提升品牌的知名度和美誉度，让品牌在激烈的市场竞争中脱颖而出，实现长远发展。

第六章　数字经济下的供应链管理与优化

第一节　数字化供应链的基本框架与构建

一、数字化供应链的核心框架

（一）战略架构

战略架构作为数字化供应链的顶层设计和总体布局,其重要性不言而喻。这一架构不仅明确了数字化供应链所追求的价值愿景,即通过数字化手段提升供应链的灵活性、效率和响应速度,以更好地满足市场需求,还确定了战略方向,指引着企业构建和完善数字化供应链体系。绩效指标作为战略架构的重要组成部分,是衡量数字化供应链实施效果的关键标准。这些指标包括供应链成本降低比例、库存周转率提升幅度、订单履行时间缩短情况等。战略架构的确立,为企业提供了清晰的数字化供应链发展蓝图,确保了各项数字化举措的协同性和一致性,是企业构建数字化供应链的根本出发点和行动指南。通过不断优化战略架构,企业能够更好地适应市场变化,抓住发展机遇,提升竞争力,实现可持续发展。

（二）业务架构

业务架构是数字化供应链的核心组成部分,它详细描述了数字化供应链的主要业务活动、业务流程和关键能力。在采购环节,数字化技术使得企业能够更高效地管理供应商信息,实现采购过程的自动化和智能化。生产环节通过数字化手段实现生产计划的精准制订和执行,提高生产效率和质量。库存管理利用物联网等技术实现对库存的实时监控和智能调度,降低库存成本。

订单处理环节通过数字化平台实现订单的快速接收、处理和跟踪,提升客户满意度。物流环节借助大数据和人工智能技术优化运输路线和配送计划,降低物流成本。分销环节通过数字化手段实现销售渠道的拓展和管理,提升市场份额。同时,数字化供应链还加强了供应商关系管理,通过数字化平台实现与供应商的紧密合作和共赢。

(三)数据架构

数据架构是数字化供应链对数据资源开发利用的基础框架。在数据采集环节,企业通过各种传感器、设备和系统收集供应链各环节的数据,确保数据的准确性和完整性。数据交换则通过标准化的数据格式和接口实现不同系统之间的数据共享和互通,打破信息孤岛。集成处理是对采集到的数据进行清洗、整合和转换,形成有用的数据集。建模分析是指利用数据挖掘、机器学习等技术对数据进行深入分析,发现供应链中的规律和趋势,为决策提供支持。应用实施是将数据分析结果应用于供应链管理的各个环节,实现供应链的优化和智能化。数据架构的建立和完善,为数字化供应链提供了坚实的数据支撑,使得供应链更加透明化、可视化和智能化,提升了供应链的响应速度和决策效率。

(四)技术架构

技术架构是数字化供应链建设和管理的重要支撑。云计算作为数字化供应链的基础设施,提供了弹性可扩展的计算和存储资源,降低了企业的 IT 成本。大数据技术使得企业能够处理和分析海量数据,挖掘数据中的价值。物联网技术通过连接物理世界和数字世界,实现了对供应链各环节的实时监控和智能控制。人工智能技术如机器学习、深度学习等,为供应链提供了智能化的决策支持和优化方案。区块链技术通过其去中心化、不可篡改的特性,为供应链的透明度和安全性提供了保障。这些前沿技术的融合应用,为数字化供应链提供了强大的技术支撑,使得供应链更加高效、灵活和可靠。企业应根据自身需求和实际情况,选择合适的技术架构,不断推动数字化供应链的技术创新和升级。

（五）组织架构

组织架构是数字化供应链中相关主体和组织关系的重要体现。在企业内部,各部门之间通过数字化平台实现信息的共享和协同工作,打破了部门壁垒,提高了工作效率。同时,数字化供应链还加强了企业与供应链上下游合作伙伴之间的协作关系。通过与供应商、分销商、物流服务商等合作伙伴的数字化连接,实现了供应链各环节的高效协同和共赢。这种组织架构的变化,使得企业能够更加灵活地应对市场变化,快速调整供应链策略,满足客户需求。此外,数字化供应链还促进了企业与客户之间的互动和沟通。通过数字化平台,企业可以及时了解客户需求和反馈,为客户提供个性化的产品和服务,提升客户满意度和忠诚度。因此,企业应积极构建适应数字化供应链发展的组织架构,加强内外部协作,实现供应链的整体优化和升级。

二、数字化供应链的构建

（一）明确战略方向

在构建数字化供应链的过程中,企业需要深刻理解数字化供应链的核心价值和长远意义,将数字化供应链视为提升企业竞争力、优化资源配置、增强市场响应能力的关键途径。基于这一认识,企业应制定符合自身实际情况的数字化供应链发展规划,明确发展目标、实施路径和预期成效。这一规划须充分考虑企业的行业特点、市场定位、资源禀赋等因素,确保数字化供应链的建设能够与企业整体战略紧密衔接,形成协同效应。同时,企业还应关注行业动态和技术发展趋势,不断调整和优化战略规划,确保数字化供应链始终保持前瞻性和先进性。通过明确战略方向,企业能够为数字化供应链的建设提供清晰的指引和强大的动力,并在实践中不断取得新的突破和成就。

（二）整合业务流程

数字化供应链的构建离不开对业务流程的整合与优化。企业需要对现有的供应链业务流程进行全面梳理,识别出存在的瓶颈和浪费环节,通过数字化技术实现各环节的高效协同和流程自动化。这要求企业打破传统部门壁垒，实现跨部门、跨岗位的信息共享和流程对接，形成一体化的供应链管理体系。在整合业务流程的过程中，企业应充分利用数字化技术的优势，如通过 ERP 系统实现数据的实时更新和共享，通过自动化设备提高生产效率和质量稳定性等。同时，企业还应注重流程的灵活性和可扩展性，确保数字化供应链能够适应市场变化和企业发展的需求。

(三) 构建数据体系

数据是数字化供应链的核心要素之一，为了充分发挥数据在供应链管理中的作用，企业需要建立统一的数据标准和数据治理体系。这包括制定数据采集、存储、处理和分析的规范流程，确保供应链各环节数据的准确性、完整性和一致性。在此基础上，企业可以通过大数据分析和人工智能技术，对供应链数据进行深度挖掘和智能分析，发现潜在的商机和风险点，为决策提供有力支持。同时，数据体系的构建还需要注重数据的安全性和隐私保护，确保数据在传输和存储过程中不被泄露或滥用。通过构建完善的数据体系，企业能够更好地利用数据驱动供应链管理，提高决策的科学性和准确性。

(四) 引入先进技术

数字化供应链的建设离不开先进技术的支撑，企业需要积极引入云计算、大数据、物联网、人工智能、区块链等前沿技术，为数字化供应链提供强大的技术保障。云计算技术可以实现供应链信息的实时共享和协同管理，提高供应链的灵活性和响应速度；大数据技术可以对海量数据进行挖掘和分析，为决策提供有力支持；物联网技术可以实现对物品的实时追踪和监控，提高供应链的透明度和可视化程度；人工智能技术可以应用于预测分析、智能调度等领域，提高供应链的智能化水平；区块链技术可以确保供应链信息的真实性和不可篡改性，增强供应链的信任度。通过引入这些先进技术，企业能够不断提升数字化供应链的技术水平和管理能力，为企业的长远发展奠定坚实基础。

(五) 加强组织协作

数字化供应链的建设是一个系统工程，需要企业内外部各方的共同努力和协作。企业需要加强与供应链上下游合作伙伴之间的协作关系,通过数字化技术实现各方的高效协同和共赢。这要求企业建立稳定的合作关系和信任机制,确保信息在供应链各环节之间的顺畅传递和共享。同时,企业内部各部门之间也需要加强协作和沟通,形成跨部门的协同工作机制。这可以通过建立跨部门的项目团队、定期召开协作会议等方式实现。通过加强组织协作,企业能够充分调动各方资源和力量,共同推动数字化供应链的建设和发展。同时,这也有助于提升企业的整体竞争力和市场适应能力,为企业的可持续发展注入新的活力。

第二节　供应链数据化与信息透明化的实现

一、构建统一的数据平台

(一)数据集成

1.建立数据采集系统

企业需充分利用现代信息技术,如企业资源计划(ERP)系统,它集成了企业内部的财务、采购、生产、库存等多个模块,为供应链管理提供了全面的数据基础。仓库管理系统(WMS)能够实时监控库存状态,确保货物存储、拣选、出库等环节的准确无误。运输管理系统(TMS)则负责跟踪货物运输过程,优化运输路线,提高物流效率。除了企业内部系统,外部数据源同样不可或缺。供应商管理系统帮助企业掌握供应商信息,确保供应链上游的稳定与可靠。客户管理系统则通过收集客户反馈、购买行为等数据,为供应链下游的服务提供有力支持。这些系统共同构成了数据采集的网络,全面覆盖了供应链的各个环节。通过实时、准确的数据采集,企业能够及时了解市场动态,调整供应链策略,以应对快速变化的市场环境。为了实现数据的全面集成,企业还需关注数据采集系统的兼容性与扩展性。随着业务的不断发展,新的数据源将不断融入,数据采集系统应具备灵活应对的能力,确保数据的连续性和完整性。

2. 统一数据标准

在数字经济时代,供应链数据化的实现离不开统一的数据标准。数据作为企业的核心资产,其准确性和一致性对于供应链管理至关重要。为了确保不同来源的数据能够无缝对接和集成,企业必须制定统一的数据格式和标准。统一数据标准意味着为各类数据定义明确的格式、命名规则和编码体系。无论是来自 ERP 系统的生产数据,还是来自 WMS 的库存信息,都应遵循相同的标准进行处理。这样,数据在传输、存储和分析过程中才能保持一致性,避免因为格式不匹配而导致的错误或遗漏。

3. 建立数据仓库

数据仓库作为数据存储和处理的中心,对于提高数据利用效率、支持决策分析具有重要意义。建立数据仓库首先需要考虑其高可靠性。供应链数据是企业运营的核心资产,数据仓库必须具备高度的稳定性和可靠性,确保数据的安全存储和可靠访问。同时,数据仓库还应具备高安全性,能通过加密技术、访问控制等手段,防止数据泄露和非法访问。

(二) 数据治理与管理

1. 明确数据治理框架

企业应设立数据治理委员会或类似机构,该机构需由跨部门的高级管理人员组成,确保数据治理工作的权威性和全面性。数据治理委员会负责制定数据治理策略,这些策略应涵盖数据的收集、存储、处理、分析和应用等全生命周期。同时,委员会还需规范数据使用流程,明确各部门在数据使用中的权责,确保数据在企业内部的有序流动。此外,监督数据质量也是数据治理委员会的重要职责。通过定期的数据质量评估、问题追踪和改进措施,委员会应确保数据的准确性、完整性和时效性,为供应链数据化提供坚实的基础。数据治理框架的建立,不仅有助于提升数据价值,还能促进企业内部的数据文化形成,推动数据驱动决策成为企业的常态。

2. 实施数据质量管理

在数字经济时代,供应链数据化的成功离不开高质量的数据支持。因此,实施数据质量管理是供应链数据化过程中的关键环节。数据质量管理涉及数据清洗、转换和加载等一系列操作。数据清洗是去除数据中重复、错误和无关信息的过程,它确保数据的准确性和一致性。数据转换是将数据从一种格式或结构转换为另一种,以满足不同系统或应用的需求。数据加载是将清洗和转换后的数据导入到目标数据库或数据仓库中,为后续的数据分析提供便利。通过实施严格的数据质量管理,企业可以提高数据的质量和可用性,降低数据错误带来的风险,提升数据分析的准确性和效率。同时,高质量的数据还能增强供应链各环节的透明度,促进供应链协同和优化,为企业创造更大的价值。

3. 确保数据安全与保护隐私

在数字经济时代背景下,供应链数据化的实现必须建立在数据安全与隐私保护的基础上。随着数据量的不断增长和数据应用的日益广泛,数据安全风险也随之增加。因此,企业必须采取有效措施确保数据在传输和存储过程中的安全。加密算法是保护敏感数据的重要手段,它通过对数据进行加密处理,可以防止数据在传输过程中被窃取或篡改。此外,企业还应建立完善的数据管理制度,明确数据的分类、存储、访问和销毁等规定,确保数据管理的规范性和可追溯性。同时,加强安全防护体系建设也是必不可少的,包括部署防火墙、入侵检测系统、安全审计系统等,以全面提升企业的数据安全防护能力。只有确保数据安全与保护隐私,企业才能放心地使用数据推动供应链的优化和升级,实现数字经济的可持续发展。

二、利用先进技术实现数据深度挖掘与分析

(一)大数据分析

1. 收集多维度数据

在数字经济时代背景下,供应链数据化已成为企业提升运营效率、优化决策过程的关键手段。为了实现这一目标,收集多维度数据是至关重要的一步。供应链数据不仅仅局限于传统的生产数据,还应涵盖市场数据、销售数据、物流数据等多个维度,以构建全面的数据视图。生产数据是供应链的基础,它反映了企业的生产能力、生产效率以及产品质量等信息。市场数据提供了市场

需求、竞争对手动态、消费者偏好等关键信息,帮助企业把握市场脉搏。销售数据直接反映了产品的销售情况,包括销售量、销售额、销售渠道等,是企业制定销售策略的重要依据。物流数据涉及货物的运输、仓储、配送等环节,对于优化物流路径、提高物流效率具有重要意义。为了收集这些多维度数据,企业需要建立完善的数据采集体系,通过 ERP 系统、CRM 系统、物流管理系统等信息化手段,实现数据的自动化采集和整合。同时,企业还应关注外部数据源,如市场调研报告、行业分析报告等,以补充和完善内部数据。此外,收集到的多维度数据需要进行清洗、整理和存储,以便后续的分析和应用。通过建立数据仓库和数据湖等存储设施,企业可以高效地管理和利用这些数据。多维度的数据视图不仅为企业提供了更全面的信息支持,还为后续的数据分析和决策提供了坚实的基础。

2. 应用数据分析工具

在数字经济时代背景下,供应链数据化的实现离不开对数据分析工具的应用。统计分析、数据挖掘、预测分析等技术手段,成为企业发现数据中的潜在模式和关联、预测市场需求、优化库存管理、提高物流效率的重要工具。统计分析是数据分析的基础,通过对历史数据的整理和分析,企业可以了解业务的基本状况和趋势。数据挖掘进一步深入数据内部,发现隐藏的规律和模式,为企业提供更深入的洞察。预测分析利用历史数据和算法模型,对未来的市场需求、库存需求等进行预测,为企业的决策提供科学依据。

3. 生成可视化报告

在数字经济时代背景下,供应链数据化的实现还需要通过生成可视化报告来展示数据分析结果。仪表盘、报表、地图等多种形式的可视化工具,能够帮助决策者快速洞察业务动态和潜在问题。仪表盘是一种直观的数据展示方式,通过图表、指标等形式,实时反映企业的关键业务指标和运营状况。报表提供了详细的数据分析和统计结果,帮助企业深入了解业务的各个方面。地图可用于展示地理相关的信息,如销售区域分布、物流路径等。

（二）人工智能与机器学习

1. 智能算法应用

在数字经济时代背景下,供应链数据化已成为推动行业转型升级的重要驱动力。为了实现供应链管理系统的高效运作和持续优化,引入智能算法和机器学习模型显得尤为重要。智能算法能够基于大量的历史数据和实时数据,自动学习供应链中的各种规律和模式,从而实现对供应链流程的精准控制和优化。通过机器学习模型,供应链管理系统可以自我学习,不断调整和优化自身的决策逻辑和运作策略,以适应不断变化的市场环境和客户需求。具体来说,智能算法可以应用于供应链的各个环节,如库存管理、物流调度、需求预测等。在库存管理中,智能算法可以根据销售数据和库存情况,自动调整库存水平,避免库存积压和缺货现象的发生。在物流调度中,智能算法可以优化运输路线和配送计划,提高物流效率和准时率。在需求预测中,智能算法可以分析历史销售数据和市场趋势,准确预测未来需求量,为企业制订生产计划和做出采购决策提供依据。通过引入智能算法和机器学习模型,供应链管理系统可以实现自我学习和优化,提高运作效率和准确性,降低运营成本和风险。同时,智能算法的应用还可以促进供应链各环节的协同和合作,推动供应链的整体优化和升级。

2. 智能决策支持

在数字经济时代,基于历史数据和实时数据,智能决策系统能够深入挖掘数据背后的规律和趋势,为决策者提供准确、及时的决策依据。智能调度是智能决策支持的重要应用之一。通过智能调度系统,企业可以实时掌握供应链的运行状态,根据订单需求、库存情况和运输能力等因素,自动优化调度方案,确保供应链的顺畅运行。智能调度不仅可以提高物流效率,还可以降低运输成本和风险。

智能预测也是智能决策支持的重要组成部分。通过机器学习模型对历史销售数据、市场趋势和客户需求等进行分析和预测,企业可以准确把握市场动态,制订科学合理的生产计划和采购策略。智能预测可以帮助企业提前应对市场变化,抓住商机,提高市场竞争力。此外,智能决策支持还可以应用于供应链的风险管理、质量控制和客户服务等方面。通过智能化决策支持,企业可以更加精准地识别和管理供应链中的风险点,提高产品质量和客户满意度。

3.异常检测与预警

在数字经济时代背景下,供应链数据化的实现为异常检测与预警提供了有力的支持。通过机器学习模型,企业可以实时监测供应链中的各种数据指标,及时发现异常行为并发出预警信号。异常检测是供应链风险管理的重要环节。在供应链运行过程中,可能会出现各种异常情况,如订单延迟、库存异常、运输故障等。这些异常情况如果不及时处理,可能会导致供应链的中断或延误,给企业带来严重的损失。通过机器学习模型对供应链数据进行实时监测和分析,可以及时发现这些异常情况,并采取相应的应对措施。预警系统的建立可以进一步提高供应链的稳健性和可靠性。当机器学习模型检测到异常行为时,会自动触发预警机制,向相关人员发出预警信号。这样,企业可以第一时间了解到供应链中的异常情况,并迅速做出反应,降低运营风险。通过异常检测与预警系统的应用,企业可以更加有效地管理供应链风险,提高供应链的可靠性和稳定性。同时,异常检测与预警还可以为企业提供有价值的数据支持,帮助企业优化供应链流程和提高运营效率。

三、推动信息透明化建设

(一)建立信息共享机制

1.构建信息共享平台

在数字经济时代背景下,供应链信息透明化已成为提升企业竞争力、优化资源配置的关键因素。为实现这一目标,构建信息共享平台显得尤为重要。产业互联网技术的快速发展为开发产业平台或产业集群提供了有力支撑,使得供应链上下游企业之间的信息共享和协同工作成为可能。通过这一平台,企业可以实时发布和获取供应链各环节的信息,包括生产进度、库存情况、物流状态等,从而实现供应链的高效运转。平台的建设应注重数据的安全性和隐私保护,确保信息在传输和存储过程中的安全可控,为供应链的稳定运行提供有力保障。而为了构建这样一个信息共享平台,企业需要积极投入资源,与产业链上下游企业紧密合作,共同推动平台的建设和运营。同时,政府和相关行业协会也应发挥引导作用,制定相关政策和标准,促进信息共享平台的健康发展。

2. 制定数据交换标准

在数字经济时代背景下,供应链信息透明化的实现离不开统一、标准化的数据格式。由于供应链涉及多个环节和多个企业,数据格式的不统一往往会导致数据转换和处理成本的增加,甚至影响信息的准确性和一致性。因此,制定数据交换标准显得尤为重要。而数据交换标准的制定应充分考虑供应链各环节的需求和特点,确保标准的科学性和实用性。标准应包括数据的格式、命名规则、编码体系等方面,以确保不同企业之间的数据能够顺畅交换和共享。同时,标准的制定还应遵循国际化和开放性的原则,便于与其他国际标准和行业规范对接和融合。

3. 确保信息实时更新

在数字经济时代背景下,供应链信息透明化的实现需要依靠实时数据同步技术来确保供应链各环节的信息能够实时更新和共享。信息实时更新是打破信息孤岛、提高供应链协同效率的关键。通过实时数据同步,企业可以及时了解供应链各环节的动态变化,并迅速做出响应和调整,从而保持供应链的稳定性和灵活性。为实现信息实时更新,企业需要建立完善的数据采集、传输和处理机制。通过物联网、传感器等技术手段,实时采集供应链各环节的数据信息,并通过高效的数据传输网络将数据发送至信息中心或云平台进行存储和处理。同时,还需要利用先进的数据处理技术和算法,对实时数据进行清洗、整合和分析,提取出有价值的信息和知识,为企业的决策提供有力支持。

(二)增强信息可视化与透明度

1. 提供透明化工具

在数字经济时代背景下,供应链信息透明化的实现需要开发专门的供应链透明度管理工具。这些工具如供应商管理系统(SRM),能够跟踪和监控供应商的活动和绩效,为企业提供可视化的供应链信息。通过 SRM 系统,企业可以实时了解供应商的交货情况、质量表现、价格变动等关键信息,从而做出更明智的采购决策。而 SRM 系统的开发和应用需要企业投入一定的资源和精力。企业应与供应商紧密合作,共同推动 SRM 系统的建设和完善。在系统的开发过程中,应注重系统的易用性和实用性,确保系统能够满足企业的实际需求。同时,还应加强对员工的培训和教育,提高员工对 SRM 系统的认识和使用能力。

2. 透明化展示关键信息

在数字经济时代背景下,供应链信息透明化的实现还需要通过平台或包装向消费者展示供应链的关键信息。这些信息包括产品的产地、生产日期、保质期等,是消费者做出购买决策的重要依据。通过透明化展示关键信息,可以增加消费者对产品的信任度和购买意愿。为了实现这一目标,企业需要建立完善的信息追溯体系。通过物联网、区块链等技术手段,对产品的生产、流通全过程进行追踪和记录,确保信息的真实性和准确性。同时,还应加强与消费者的沟通和互动,及时了解消费者的需求和反馈,不断改进和优化信息展示方式和内容。

3. 建立互动渠道

在数字经济时代背景下,供应链信息透明化的实现需要设立方便快捷的消费者反馈渠道。这些渠道可以是线上的客服平台、社交媒体账号,也可以是线下的服务热线、实体店面的咨询台等。通过这些渠道,消费者可以及时反映自己在购买和使用产品过程中遇到的问题和建议,企业也能够迅速响应和处理消费者的投诉和需求。建立互动渠道需要企业注重渠道的多样性和便捷性。不同消费者有不同的偏好和习惯,因此企业应提供多种渠道,满足消费者的不同需求。同时,还应加强对渠道的管理和维护,确保渠道的畅通和有效。例如,对于线上的客服平台,应确保客服人员的专业性和响应速度;对于线下的服务热线,应确保线路的畅通和服务人员的态度友好。

第三节　供应链协同与智能化的提升路径

一、数字经济下供应链协同的实现方式

（一）建立协同团队

1. 明确团队目标和角色

在数字经济时代,供应链协同已成为提升企业竞争力的关键。为了实现这一目标,组建跨职能的协同团队显得尤为重要。这个团队应涵盖采购、生产、物流、销售等多个部门,确保供应链各环节都有代表参与。团队的目标必须清晰明确,比如提高供应链效率、降低成本、提升客户满意度等。同时,每个成员的职责也需要具体界定,确保每个人都能在自己的专业领域内发挥所长。在团队中,采购部门负责原材料和零部件的采购,确保供应的稳定性和成本效益;生产部门负责生产制造,确保产品质量和生产效率;物流部门负责货物的运输和仓储,确保物流的顺畅和及时;销售部门则负责市场开拓和客户服务,确保销售业绩和客户满意度。通过明确团队目标和成员职责,各部门之间可以形成协同效应,共同推动供应链的高效运转。

2. 定期沟通与协作

为了确保供应链协同团队的有效运作,定期沟通与协作是必不可少的。团队应设定固定的会议时间,如每周或每月一次,以便成员们能够面对面地交流信息、讨论问题。同时,利用现代通信技术,如电子邮件、即时通信工具等,保持实时联系,确保信息的及时传递和问题的及时解决。在会议中,成员们可以分享各自部门的工作进展、遇到的问题以及需要的支持。通过充分讨论,大家可以共同制定解决方案,确保供应链各环节的紧密配合。这种定期的沟通与协作机制有助于增强团队的凝聚力和执行力,推动供应链协同的不断深化。

3. 营造协同文化

团队应强调团队合作和共同目标的重要性,鼓励成员们相互支持、相互学

习。通过组织团队建设活动、分享会等形式,增强成员之间的了解和信任,营造积极向上的协同氛围。在协同文化中,每个成员都应意识到自己的工作是供应链中的一环,自己的表现直接影响到整个供应链的效率和效果。因此,大家需要共同努力、协同作战,为实现团队目标贡献自己的力量。同时,团队也应鼓励成员们分享知识和经验,促进知识共享和技能提升,为供应链协同注入更多的活力和创新力。

(二)实现产业链协同

1.确立协同愿景和目标

在数字经济背景下需要明确各参与方的角色和职责,确保每个环节都能发挥自己的专业优势。同时,还需要形成产业链协同的愿景和目标,为协同工作提供明确的方向和动力。其中,协同愿景应体现产业链的整体利益和发展方向,比如提高产业链的整体效率、降低运营成本、增强市场竞争力等。目标则应具体、可衡量,并且与愿景相呼应。通过确立协同愿景和目标,各参与方可以达成共识,明确协同工作的意义和价值,从而更加积极地投入到协同工作中去。

2.应用物联网技术

物联网技术是实现产业链协同的重要手段之一。通过应用物联网技术,可以实现设备和系统的互联互通,收集实时数据,提高供应链的透明度和响应速度。

在产业链中,各个环节的设备和系统都可以接入物联网平台,实现数据的实时采集和传输。这些数据包括生产数据、物流数据、销售数据等,它们对于产业链的管理和优化至关重要。通过物联网技术,各参与方可以实时了解产业链的运行状况,发现问题并采取相应的措施。同时,物联网技术还可以实现设备的远程监控和控制,提高设备的可靠性和稳定性。

二、数字经济下供应链智能化的提升路径

(一)引入智能化技术

1.物联网技术的大力支持

在数字经济下,供应链智能化提升的过程中,物联网技术发挥着至关重要

的作用。通过在供应链各环节部署传感器、RFID 标签等设备,可以实现对物流环节的实时监控。这些设备能够实时采集货物的位置、状态等信息,并通过无线网络传输至数据中心,为供应链管理提供准确、及时的数据支持。物联网技术的应用,不仅提高了物流运作的精确性和效率,还实现了物流自动化,减少了人工干预,降低了运营成本。例如,在仓储环节,通过物联网技术可以实时追踪货物的入库、出库情况,确保库存数据的准确性;在运输环节,可以实时监控车辆的行驶状态,确保货物安全、准时到达。

2. 积极运用云技术

通过云计算平台,企业可以实现对供应链数据的集中存储、管理和分析。云技术提供了强大的计算能力和存储空间,使得企业能够处理海量数据,挖掘数据价值,为供应链决策提供有力支持。同时,云技术还实现了供应链信息的实时共享,促进了供应链各环节的协同合作。企业可以通过云平台与供应商、客户等合作伙伴进行信息共享,提高供应链的整体响应速度和灵活性。

3. 引入人工智能技术

在数字经济下,企业可以利用人工智能算法进行需求预测、库存规划、运输路径优化等决策。通过深度学习、机器学习等技术,企业可以对历史数据进行分析,挖掘出潜在的规律和趋势,为供应链决策提供科学依据。人工智能技术的应用,不仅提高了供应链的整体效率和准确性,还实现了供应链的智能化管理,使企业能够更好地应对市场变化,满足客户需求。

(二)自动化与机器人的应用

1. 自动化立体仓库

在数字经济下,自动化立体仓库成为供应链智能化提升的重要手段。自动化立体仓库由高层货架、自动化搬运设备和计算机管理系统等组成,实现了货物的自动存储和取出。这种仓库不仅提高了仓库的空间利用率,还大大提高了操作效率。自动化立体仓库能够根据货物的种类、尺寸和重量等信息,自动选择最合适的存储位置和搬运方式,实现了货物的快速、准确存取。同时,自动化立体仓库还具备自动化盘点、库存管理等功能,为供应链管理提供了更加便捷、高效的服务。

2. 仓库机器人

仓库机器人在供应链智能化提升中也发挥着重要作用。通过仓库机器人,企业可以实现货物的自动拣选、分拣和堆放。仓库机器人有高精度的定位系统和灵活的机械臂,能够准确识别货物的位置和形状,完成复杂的拣选和分拣任务。同时,仓库机器人还可以根据货物的重量和体积等信息,自动调整搬运方式和速度,确保货物的安全、稳定运输。仓库机器人的应用,不仅提高了仓库的运营效率,还降低了人工成本,使企业能够更加专注于核心业务的发展。

3. 无人机和自动驾驶车辆

在数字经济下,无人机和自动驾驶车辆在供应链智能化提升中展现出巨大潜力。在物流领域,无人机和自动驾驶车辆的应用极大地提高了物流的灵活性和效率。无人机具备快速、灵活的飞行能力,能够在复杂环境下完成配送任务。特别是在偏远地区或交通拥堵的城市中,无人机能够迅速将货物送达目的地,缩短了配送时间,提高了客户满意度。自动驾驶车辆具备自主导航、避障等功能,能够在道路上安全、高效地行驶。通过自动驾驶车辆,企业可以实现货物的自动运输和交付,降低了人工成本,提高了物流运作的准确性和可靠性。无人机和自动驾驶车辆的应用,为供应链智能化的提升注入了新的活力,推动了物流行业的创新发展。

(三)智能调度与预测性维护

1. 智能调度系统

在数字经济下,智能调度系统作为其中的关键一环,发挥着举足轻重的作用。这一系统能够基于先进的算法和大数据分析技术,实现配送路径的智能规划和资源调度。它综合考虑了订单量、配送距离、交通状况、车辆载重限制等多重因素,通过精确的计算和模拟,为每一笔订单制定出最优的配送方案。智能调度系统不仅提高了配送的效率,还极大地提升了配送的准确性。它能够实时监控车辆的行驶状态和位置信息,确保货物能够按照预定的时间窗口准时送达。同时,系统还具备自动调整和优化功能,当遇到突发情况或交通拥堵时,能够迅速重新规划路线,确保配送任务的顺利进行。这种智能化的调度方式,不仅降低了物流成本,还提升了客户满意度,为供应链的智能化提升注入了新的活力。

2. 预测性维护

在数字经济下,预测性维护作为一种先进的维护模式,正逐渐成为行业的新宠。它通过实时监测和分析设备运行数据,能够提前预测可能出现的故障,为设备的维修和保养提供科学依据。预测性维护的实现,依赖于先进的传感器技术和数据分析算法。传感器能够实时采集设备的运行数据,如振动、温度、压力等,并将这些数据传输至数据分析平台。平台通过对这些数据的深入挖掘和分析,能够发现设备运行的异常模式,从而提前预测出可能出现的故障。一旦预测到故障,维护人员便可以及时进行维修和保养,避免设备突发故障导致的供应链中断。这种预测性的维护方式,不仅提高了设备的可靠性,还降低了维护成本,为供应链的智能化提升提供了有力保障。

第四节　供应链风险识别、评估与应对策略

一、数字经济时代背景下,供应链风险识别

(一)关键事件预警分析

在数字经济时代背景下,关键事件预警分析作为一种前瞻性的风险管理方法,显得尤为重要。这种方法通过组织跨部门的头脑风暴会议,汇聚来自不同领域专家的智慧,共同识别可能对公司业绩产生重大影响的关键经济、技术、文化因素。在预警分析过程中,专家们不仅关注当前的市场动态和行业趋势,还深入探讨这些相关因素的未来可能状态,以及它们如何相互作用,从而构成现实和潜在的风险因素组合。这种分析方式特别适用于战略层面的风险识别,因为它能够帮助企业提前洞察可能影响其长期发展的宏观环境变化。通过关键事件预警分析,企业能够建立起一套敏锐的风险感知机制,及时捕捉

可能引发供应链危机的早期信号。这不仅有助于企业提前做好应对准备,降低风险发生的可能性和影响程度,还能增强企业的战略韧性和适应能力,确保在复杂多变的市场环境中保持竞争优势。

(二)历史数据分析

在数字经济时代,企业积累了大量的运营数据,这些数据中蕴含着供应链过去运行的轨迹和模式。通过对这些历史数据的深入挖掘和分析,企业可以揭示出供应链中可能存在的风险点。例如,通过分析过去供应链中断的案例,企业可以发现某些供应商或物流环节在特定条件下容易出现问题,从而识别出这些环节存在的较高风险。这种基于历史数据的分析方法,能够帮助企业了解供应链风险的分布和特征,为制定针对性的风险防控措施提供依据。

(三)全景描述模式

全景描述模式是一种系统性的供应链风险识别方法。它通过创建一个完整的业务流程图,将供应链中的各个业务功能单元以可视化的方式集成展示出来,从而帮助企业全面了解供应链的运作流程和关键环节。在全景描述模式下,企业可以对供应链中的每一个业务功能单元进行细致的分析和评估,识别出可能存在的风险点。这种全面的风险扫描方式,有助于企业发现那些隐藏在供应链深处的潜在风险,为风险防控提供有力的支持。此外,全景描述模式还能够帮助企业建立起供应链风险的整体视图,使得企业能够从宏观层面把握供应链的风险状况。这有助于企业制定更为全面、系统的风险防控策略,确保供应链的稳定运行。

(四)智能算法与机器学习

在数字经济时代,智能算法和机器学习模型为供应链风险识别提供了新的、更为强大的手段。这些技术通过对大量数据的分析和学习,能够自动识别出供应链中的异常模式和潜在风险。智能算法和机器学习模型能够处理海量的供应链数据,从中提取出有价值的信息和特征。通过对这些信息和特征的深入分析,模型能够发现供应链中存在的异常模式,如订单量的突然增加、物流时间的延长等,这些异常模式可能是潜在风险的早期信号。此外,智能算法和机器学习模型还能够根据历史数据中的风险案例,学习并识别出新的、未知的风险类型。这种自我学习和适应的能力,使得智能算法和机器学习模型在供应链风险识别中具有极高的灵活性和准确性。通过利用智能算法和机器学习模型进行供应链风险识别,企业能够实现对风险的实时监控和预警,并及时采取应对措施,降低风险对企业运营的影响。同时,这些技术还能够为企业提供更为精准、全面的风险分析报告,为决策提供支持。

二、数字经济时代背景下,供应链风险评估

(一)风险概率和影响分析

在数字经济时代背景下,为了更好捕捉潜在风险,企业需要对每个风险的发生概率和影响程度进行深入评估。这一过程通常涉及多种方法,包括历史数据分析、专家访谈以及情景模拟等。历史数据分析是风险评估的基础。通过对过往供应链运营数据的梳理,企业可以识别出曾经发生的风险事件,以及这些事件对供应链造成的影响。这些数据为评估风险概率和影响程度提供了实证基础。专家访谈是获取专业意见的有效途径。企业可以邀请供应链领域的专家,就特定风险的发生可能性和潜在影响进行深入讨论。专家的经验和见解能够为企业提供宝贵的参考,帮助企业更准确地评估风险。情景模拟则是一种前瞻性的风险评估方法。通过构建不同的未来情景,企业可以预测在特定情境下供应链可能面临的风险,以及这些风险对业务运营的影响。这种方法有助于企业提前制定应对策略,降低风险带来的损失。

(二)风险矩阵图

风险矩阵图是一种直观且有效的风险展示工具,在供应链风险评估中发挥着重要作用。它以风险发生概率和影响程度为坐标轴,将不同风险点标注在矩阵图中,形成清晰的风险分布图谱。风险矩阵图的横轴代表风险发生概率,从低到高依次排列。纵轴代表风险的影响程度,同样从轻微到严重进行划分。每个风险点根据其发生概率和影响程度的组合,在矩阵图中找到相应的

位置。通过风险矩阵图,企业可以一目了然地看到哪些风险是需要立即采取措施的。位于矩阵图右上角的风险点,即发生概率高且影响程度大的风险,是企业应重点关注的对象。这些风险一旦发生,可能对企业的供应链运营造成严重影响,因此需要提前制定应对策略。风险矩阵图还具有动态更新的特点。随着市场环境的变化和供应链运营的调整,风险点的位置和数量也会发生变化。企业需要定期更新风险矩阵图,以确保风险评估的准确性和时效性。此外,风险矩阵图还可以作为企业内部沟通的工具。通过共享风险矩阵图,各部门可以清晰地了解供应链面临的风险状况,从而协同合作,共同应对风险挑战。

(三)定量评估模型

对于一些复杂的风险因素,仅仅依靠定性的风险评估方法可能无法准确反映其潜在影响。因此,企业需要建立定量评估模型来进行更为精确的评估。这些模型可以基于大量的历史数据和实时数据,对风险进行量化分析,得出具体的风险值。定量评估模型的建立需要借助统计学和数学方法。企业可以收集供应链运营过程中的各种数据,如订单量、库存水平、运输时间等,作为模型的输入变量。然后,通过选择合适的算法和模型结构,对这些数据进行处理和分析,得出风险的发生概率和影响程度。相比定性的风险评估方法,定量评估模型能够更准确地反映风险的实际情况,为企业提供更可靠的决策依据。同时,定量评估模型还可以进行敏感性分析,帮助企业了解不同因素变化对风险的影响程度,从而制定更为有效的应对策略。

三、数字经济时代背景下,供应链风险应对策略

(一)多元化供应商策略

在数字经济时代背景下,供应链风险日益复杂多变,企业必须采取有效策略来应对。多元化供应商策略便是其中之一,其核心在于减少对单一供应商的依赖,通过积极寻找和评估潜在的替代供应商,建立起一个多元化的供应商体系,实施多元化供应商策略。企业可以引入竞争机制,促使供应商不断提高

产品质量和服务水平。同时,当某一供应商出现问题时,企业可以迅速切换到其他供应商,确保供应链的稳定运行。这种策略不仅降低了供应链中断的风险,还增强了供应链的灵活性和竞争力。为了实施多元化供应商策略,企业需要建立完善的供应商评估体系,对潜在供应商的综合实力、信誉状况、产品质量等方面进行全面评估。企业还应与供应商保持密切沟通,及时了解其生产状况、技术研发等动态信息,为未来的合作打下坚实基础。此外,企业还应注重培养自身的供应商管理能力,提高与供应商的合作效率和协同水平。通过不断优化供应商结构,企业可以构建起一个稳定、高效、灵活的供应链体系,为自身的持续发展提供有力保障。

(二)建立紧密的供应商合作关系

在数字经济时代,供应链风险无处不在,企业与供应商之间的紧密合作显得尤为重要。通过建立长期稳定的合作关系,加强信息共享和协同工作,企业可以及时了解供应商的生产状况、库存情况等信息,从而提前预警并应对潜在的风险。紧密的供应商合作关系有助于增强双方的信任和默契。企业可以与供应商共同制订生产计划、采购策略等,确保供应链各环节的顺畅衔接。同时,通过信息共享,企业可以及时了解供应商的原材料供应、生产能力等动态信息,为自身的决策提供有力支持。在建立紧密的供应商合作关系过程中,企业还应注重培养双方的共同利益。通过合作共赢的模式,促使供应商更加积极地参与到供应链的管理中来。此外,企业还应加强与供应商的沟通交流,及时解决合作过程中出现的问题和困难,确保双方合作的顺利进行。

(三)优化物流网络

在数字经济时代背景下,企业应建立多样化的物流通道,避免过度依赖某一特定的运输方式或路径。通过增加备用物流通道或采用多元化的运输方式,可以降低物流中断的风险,确保货物的及时送达。优化物流网络时,企业应对自身的物流需求进行准确预测,合理规划物流通道和运输方式。企业还应加强与物流服务商的合作与沟通,了解其运输能力、服务范围等信息,为物流网络的优化提供有力支持。此外,企业还应注重物流技术的创新和应用。

通过引入先进的物流技术和设备,提高物流作业的效率和准确性。同时,企业还可以利用物联网、大数据等技术手段,对物流过程进行实时监控和管理,确保物流网络的安全稳定运行。

(四)智能决策支持系统的构建

在数字经济时代,供应链风险日益复杂且多变,企业需要更加智能化的决策支持来应对这些挑战。基于历史数据和实时数据,企业可以利用智能算法和机器学习模型为决策者提供精准的决策依据。智能决策支持系统能够对企业的大量数据进行分析和挖掘,发现潜在的规律和趋势。例如,通过智能预测算法,企业可以提前了解市场需求的变化趋势,从而调整生产计划和采购策略,避免库存积压或短缺的风险。同时,智能决策支持系统还能够对供应链中的各个环节进行实时监控和预警。当出现异常情况或潜在风险时,系统能够及时发出警报,提醒决策者采取相应的应对措施。这种实时监控和预警机制有助于企业及时发现并应对供应链风险,降低损失和影响。此外,智能决策支持系统还能够为企业提供优化建议和决策方案。通过对不同决策方案进行模拟和评估,系统能够帮助企业选择最优的决策方案,提高决策的科学性和准确性。

第七章 数字经济时代的支付与金融模式创新

第一节 数字化支付方式的兴起、发展与安全

一、数字化支付方式的兴起与发展

(一)数字化支付方式的萌芽期(20世纪60年代—20世纪90年代)

1. 互联网诞生与电子支付的初步探索(20世纪60年代—20世纪80年代末)

20世纪60年代,随着互联网的诞生,人类社会的信息交流方式发生深刻变革。在互联网诞生之前,电话支付、电汇支付等支付方式已经存在,但它们的普及程度和应用范围相对有限。互联网的出现,为信息的快速传播和共享提供了可能,万维网的逐渐普及更是极大地推动了这一进程。在这一时期,人们开始借助互联网平台增进交流,形成了新的社会交流结构,信息共享成为一种新的常态。随着互联网平台的不断发展,它们开始探索如何实现自身服务价值的最大化。为了吸引用户并提供更优质的服务,平台开始将各种有价值的信息服务变为有偿经济活动,网上交易活动应运而生。最初的交易方式相对简单,通常要求用户提供相关信息来换取其他信息或服务。这种交易模式虽然初步具备了数字化支付的雏形,但由于支付手段的限制,实际操作起来并不方便。

2. 网银支付的初步尝试与局限性(20世纪80年代末—20世纪90年代)

到了20世纪80年代末至90年代,全球IP服务器数量迅速增长,超过

100万,可视图文等新技术也开始出现。这一时期,互联网平台为了进一步促进网上交易活动的发展,开始尝试与银行合作,提供网银支付服务。用户可以通过自身银行账户向平台或其他用户的银行账户转账,完成交易支付。由于当时许多银行尚未开通网银支付功能,这一支付方式的普及程度受到了很大限制。用户在进行网上交易时,常常因为支付不便而放弃交易,这严重影响了网上交易活动的顺利进行。尽管如此,网银支付的初步尝试仍然为后来的数字化支付方式发展奠定了基础。随着技术的不断进步和银行系统的逐步完善,网银支付逐渐成为数字化支付方式的重要组成部分,为后来的移动支付、电子钱包等新型支付方式的出现和发展提供了可能。

(二)数字化支付方式的诞生期(20世纪90年代—21世纪初)

1. 电子化符号货币与数字支付服务商的兴起

在20世纪90年代至21世纪初,随着互联网技术的蓬勃发展,数字化支付方式开始崭露头角。这一时期,信用卡支付与互联网的结合成为数字化支付的重要里程碑。电子化符号货币作为新兴的交易媒介,开始在消费者、商家和信用卡网络之间流通。为了满足这一新兴市场的需求,数字支付服务商如FirstVirtual、CyberCash等应运而生,它们的角色类似于传统环境下的POS服务商,为互联网交易提供了便捷、安全的支付解决方案。这些数字支付服务商通过银行转账的方式,实现了不同银行之间的资金划转和结算,为互联网交易提供了初步的基础设施。但是当时的支付方式仍然存在诸多不便,如操作复杂、流通性差等问题,因此人们开始探索更加便捷、高效的支付方式,如匿名电子现金、储值智能卡、无卡交易模式以及电子虚拟货币等。这些支付方式主要由互联网平台创造,它们以数字化形式存在,为互联网论坛、游戏平台等提供了全新的交易手段。

2. 网银支付的探索与虚拟产品的交易

在这一时期,网银支付作为数字化支付方式的重要组成部分,开始崭露头角。商业银行开始探索网银支付的方式,以满足日益增长的互联网交易需求。1995年,美国一家银行成为首家接受符号数字货币的银行,标志着网上银行业务的初步增长。随着网银支付的逐渐普及,消费者可以更加便捷地进行在线交易,无须再受限于时间和地点。同时,互联网论坛、游戏平台等虚拟世界也成为数字化支付方式的重要应用场景。交易产品主要是数字化的虚拟产品,如游戏道具、论坛会员等。这些虚拟产品虽然不具有实体形态,但通过数字化支付方式,它们可以在互联网上实现快速、便捷的交易。这一时期的支付方式相对封闭、流通性差且不可变现,但它们为后来的数字化支付方式发展奠定了坚实的基础,并推动了互联网经济的蓬勃发展。

(三)数字化支付方式的发展期(21世纪初至今)

1. 互联网技术与支付变革的深度融合

21世纪初,随着互联网技术的飞速发展,网民数量呈现出爆炸式增长,信用卡凭借其便捷性和安全性,迅速占据了网上支付的统治地位。这一时期,互联网的商业价值被数字经济平台进一步拓展和挖掘,电子商务逐渐成为人们购物的新选择。同时,移动通信技术也迎来了快速发展,智能手机的普及以及移动通信网络资费的下降,为移动支付提供了广阔的市场空间。在这样的背景下,一些平台开始逐渐充当商品交易中介,连接消费者和厂商,而经销商也纷纷涌入电子商务领域,寻求新的发展机遇。然而,数字支付问题成为商业银行、互联网平台、经销商、消费者共同面临的最大障碍。为了有效解决这一问题,互联网平台开始与商业银行建立委托代理协议,搭建第三方支付的电子钱包,实现了消费者与厂商之间的支付结算。这种支付方式的创新,极大地推动了电子商务的发展,使得线上交易变得更加便捷和高效。

2. 支付效率、安全与全球化的探索

第三方支付搭建起来了,但支付效率的问题随之而来,它取决于互联网平台能够委托代理商业银行的规模、货币种类等多种因素。此外,如何有效衔接网上支付与网下配送,也成为亟待解决的问题。为了解决这些问题,各方不断探索和创新,努力提升支付的效率和便捷性。同时,支付安全问题也备受关注。随着数字支付的普及,支付安全成为人们关注的焦点。为了保障支付安全,相关机构和个人不断探索和应用各种密码技术,如公钥和私钥等。这些技术的应用,为数字支付提供了更加可靠的安全保障。此外,数字支付的全球化问题也逐渐凸显出来。区块链技术的去中心化、不可篡改等特点,为数字支付

的全球化推广奠定了坚实的发展基础。随着技术的不断进步和应用场景的不断拓展,数字支付将在全球范围内得到更加广泛的应用和发展。

二、数字化支付方式的安全

(一)安全技术保障支付安全

数字化支付方式的安全性是消费者关注的重点问题之一。为了保障支付安全,数字化支付机构采用了多种安全技术手段。例如,加密技术可以确保用户信息在传输过程中的安全性;身份验证技术可以验证用户的身份和信息真实性;风险监测系统可以实时监控交易行为,及时发现并阻止可疑交易。同时,数字化支付机构还建立了完善的安全管理体系和合规机制,确保业务的合规性和稳健性。通过制定严格的内控流程、加强与监管机构的沟通合作、加强用户教育和风险提示等措施,数字化支付机构不断提升支付安全性,保障用户的资金安全和个人信息保护。

(二)用户意识提升支付安全

在数字化支付日益普及的今天,用户的安全意识成为保障支付安全不可或缺的一环。除了数字化支付机构不断升级的安全技术保障外,提升用户自身的安全意识和防范能力同样至关重要。数字化支付机构应当承担起用户教育的责任,通过多渠道、多形式的宣传普及支付安全知识,让用户充分了解数字化支付的风险与防范措施。同时,机构还应时刻提醒用户注意保护个人信息和账户密码,强调密码的复杂性和定期更换的重要性。此外,鼓励用户及时更新支付软件,以享受最新的安全功能和修复可能存在的安全漏洞,也是提升支付安全性的有效途径。通过这些措施,数字化支付机构可以引导用户正确使用数字化支付方式,减少因用户疏忽或不了解安全规范而引发的支付风险,共同营造安全、可靠的支付环境。

第二节　金融科技对传统金融的颠覆性融合

一、金融服务的便捷化

(一)手机银行+移动运营商代理商的现金存取模式

手机银行用户可使用银行发放的银行卡,或者由移动运营商提供的手机银行虚拟账户;代理商可安装 POS 机设备,或者持有具有手机银行功能的手机。如果客户想在代理商处存款,只要刷一下手机,银行就会自动从代理商的账户中扣除等量金额,作为客户的存款资金。客户存入的现金则由代理商保留,以抵消其在银行/移动运营商账户中的扣款。如果客户希望提取现金,则流程相反。代理商先提供现金,银行或者移动运营商则会向代理商账户中补入相等金额。通过手机银行,客户获得相关金融服务的同时,免去了频繁往返银行的劳顿之苦。这种模式的典型代表是肯尼亚的 M-PESA.

(二)手机银行+银行代理商的现金存取模式

利用手机银行通过银行的代理商来实现现金取款,比如中国银行"手机取款"代理业务,取款人无须开立中国银行账户。具体交易过程如下:汇款人登录中国银行手机银行,点击"手机取款",输入取款人姓名、手机号码、汇款金额等信息,并发起一笔汇款交易,取款人仅凭汇款编号、取款密码,就可以到中国银行手机取款代理点取款(代理点多为持续经营的超市)。取款时,代理点工作人员登录手机银行或网上银行核实相关交易信息后,银行会给取款人和代理点同时发送短信提示,取款人从代理点领取现金,中国银行则把等额资金转入代理点账户(这一过程和交易确认的过程同时进行)。为确保顺利取款,客户需要先电话联系代理点确认代理点有足够现金。

(三)手机银行+邮政的现金存取款模式

这种模式与手机银行+银行代理商的现金取款模式的区别主要在于邮政

(代理商)的主要任务在于帮助投递取款通知单,客户本身不在邮政存取款。典型代表是邮政系统的手机银行按址汇款,实质也是通过手机银行取现。通过此功能,客户(需开通邮储银行的手机银行)可以按收款人提供的姓名和地址等信息,以投递取款通知单(邮储银行与邮政合作)的方式完成汇款。这项服务的意义在于,有些偏远地区的农民没有银行卡金融账户,但按址汇款是适用的。这种模式如果要实现现金存款,则需要在邮储银行网点开立金融账户。此外,中国邮政储蓄银行、农信社、农商行等推出的助农取款服务也是通过代理商实现现金取款。

(四)手机银行+ATM 的现金存取模式

手机银行+ATM 的现金存取模式,在我国主要表现为手机银行无卡取现。这种模式目前在我国城市地区比较普遍,这是因为这种模式需要银行网点(包括自助银行网点)配合。手机银行无卡取现首先由交通银行推出,此后大部分商业银行也推出了类似业务。持卡人事先要通过手机银行预约 ATM 取款。预约后,凭预约手机号码、预约号及预约银行卡的取款密码,即可实现无卡取款,而无须向 ATM 插入银行卡。持卡人不仅可以在本人忘记带卡(或银行卡遗失)时应急取现,还可以为远方急需现金的亲友提供便利的取款服务。

二、促进传统金融机构转型

(一)金融科技的互联网化浪潮与服务效率提升

金融科技的发展,如同一股强劲的互联网化浪潮,彻底改变了金融服务的传统模式。以往消费者获取金融服务往往需要亲自前往金融机构的实体网点,不仅耗时耗力,还受到营业时间的限制。随着金融科技的兴起,互联网平台成为金融服务的新渠道。消费者只需轻点手机或电脑,就能随时随地获得贷款、投资等多样化的金融服务。这种便捷性的提升,极大地降低了传统金融机构的运营成本。无须维持庞大的实体网点网络,金融机构可以将更多资源投入到产品研发和服务优化上。同时,金融科技的应用还显著提高了服务效率。通过大数据、人工智能等先进技术,金融机构能够更快速地处理客户请求,提供更个性化的服务方案。这种高效、便捷的服务模式,不仅赢得了消费者的青睐,也为金融市场带来了新的增长点。在金融科技的推动下,金融产品也呈现出前所未有的创新性。P2P网络借贷、区块链技术应用等新型金融产品层出不穷,为投资者和借款者提供了更多元化的选择。这些创新产品不仅丰富了金融市场的层次,也激发了市场的活力。消费者可以根据自己的需求和风险承受能力,选择最适合自己的金融产品。这种多样化的选择,进一步提升了金融市场的竞争性和效率。

(二)传统金融机构面临的转型压力与数字化之路

在金融科技企业的强势竞争下,传统金融机构不得不重新审视自身的业务模式和服务方式。数字化转型,成为传统金融机构应对挑战、实现可持续发展的必由之路。为了保持市场竞争力,传统金融机构必须加快数字化转型的步伐。这不仅仅意味着将业务迁移到线上平台,更需要对业务流程、组织架构、技术架构等方面进行全面的革新。通过数字化转型,传统金融机构可以提升服务质量和效率,降低运营成本,增强风险防控能力。

(三)传统金融机构与金融科技企业的协同发展

面对金融科技的冲击,传统金融机构并没有选择孤军奋战,而是积极寻求与金融科技企业的合作。这种合作,不仅是对传统金融机构的一种补充,更是推动整个金融行业创新发展的重要力量。传统金融机构拥有深厚的行业底蕴、丰富的客户资源和完善的风险管理体系,而金融科技企业则擅长运用先进技术进行产品创新和服务优化。两者的合作,可以实现优势互补、共赢发展。在合作过程中,传统金融机构可以借鉴金融科技企业的创新理念和技术手段,提升自身的服务水平和竞争力。同时,金融科技企业也可以通过与传统金融机构的合作,拓宽业务范围,提升品牌影响力。这种合作模式,有助于推动金融产品的创新和服务模式的升级,为消费者提供更加优质、便捷的金融服务。

三、拓宽传统金融市场渠道

(一)更广泛的覆盖范围

金融科技如同一股强劲的东风,为传统金融市场带来了前所未有的变革。在互联网和移动设备的助力下,传统金融机构的市场覆盖范围得到了极大的拓展。以往,银行、保险公司和证券公司等金融机构主要依赖实体分支机构和代理人来与客户建立联系,这种方式无疑受到了地理位置和人力资源的双重限制。然而,金融科技的崛起改变了这一局面。现在,这些金融机构能够借助在线平台和移动应用,轻松触达全球范围内的潜在客户。无论是身处繁华都市还是偏远乡村,只要有网络连接,客户就能随时随地享受到金融服务。这种跨越时空的连接方式,不仅极大地提高了金融服务的可及性,也为金融机构带来了更多的业务机会和发展空间。

(二)降低获客成本

在传统金融模式下,金融机构的获客成本居高不下。设立分支机构、进行广告宣传等方式,都需要投入大量的人力、物力和财力。随着金融科技的兴起,数字化渠道成为金融机构获客的新选择。通过互联网和社交媒体等平台,金融机构能够以更低的成本展示自己的产品和服务,吸引新客户的关注。同时,大数据分析技术的应用,使得金融机构能够更精准地定位目标客户群体,提高营销效率和转化率。这种低成本的获客方式,不仅降低了金融机构的运营成本,也为其在激烈的市场竞争中赢得了更多优势。

(三)增强客户黏性

金融科技不仅为传统金融机构拓宽了市场渠道,还为其提供了更多与客户互动的机会。通过移动应用、社交媒体等渠道,金融机构能够实时了解客户的需求和反馈,及时提供个性化的服务方案。这种持续的互动和定制化服务,不仅增强了客户对金融机构的信任和依赖,也提高了客户的满意度和忠诚度。客户黏性的增强,意味着金融机构能够更稳定地保持客户基础,为长期发展奠定坚实基础。

(四)打破地域限制

金融科技的兴起,使得传统金融服务能够跨越地域限制,实现更广泛的覆盖。无论是城市还是农村,只要有互联网连接,客户就能享受到便捷、高效的金融服务。这一变革,为金融机构打开了更广阔的市场空间,尤其是那些传统上难以触及的地区。通过金融科技,金融机构能够将服务延伸到偏远地区,满足更多客户的金融需求。同时,这也促进了金融资源的均衡分配,推动了金融业的普惠发展。

(五)创新产品和服务

随着市场渠道的拓宽,传统金融机构迎来了更多的创新机遇。借助互联网平台,金融机构能够推出更多种类的理财产品、保险产品和贷款产品,满足不同客户的多样化需求。这种创新不仅丰富了金融机构的产品线,也提高了在市场上的竞争力。通过不断创新和优化产品与服务,金融机构能够更好地满足客户的需求,赢得市场的认可和信赖。同时,创新也为金融机构带来了新的增长点,推动了其业务的持续发展和壮大。

四、提高用户体验

(一)优化线上服务流程

随着金融科技的飞速发展,传统金融机构正积极审视并优化其线上服务流程,以适应日益增长的数字化需求。通过引入先进的智能化服务系统,如 AI 助手和智能语音应答,金融机构为客户提供了前所未有的便捷体验。这些智能系统能够 24 小时不间断地服务,无论客户身处何地,只需通过手机或电脑即可轻松访问自己的账户,实时查看交易记录,高效管理资产,甚至进行在线投资操作。这种线上化的服务模式极大地节省了客户的时间成本,无须再排队等待或受限于营业网点的营业时间。同时,智能化的系统还能根据客户的操作习惯和需求,提供个性化的服务建议,进一步提升了服务的便捷性和满意度。此外,通过不断优化界面设计和交互流程,金融机构确保客户能够轻松上手,享受流畅无阻的线上服务体验。这种以客户为中心的线上服务流程优化,不仅增强了金融机构的竞争力,还为客户带来了更加高效、便捷的金融生活。

(二)提供个性化金融产品

金融科技为传统金融机构带来了前所未有的个性化服务机遇。借助大数据分析技术,金融机构能够深入洞察每一位客户的消费习惯、风险承受能力和投资偏好。这种深度的数据分析使得金融机构能够为客户提供量身定制的金融产品,满足其独特的财务需求。例如,对于风险偏好较高的客户,金融机构可以推荐具有更高收益潜力的投资产品;对于追求稳健收益的客户,可以提供低风险、稳回报的理财方案。这种个性化的金融服务不仅提升了客户的满意度和忠诚度,还增强了金融机构与客户之间的信任关系。通过持续收集和分析客户数据,金融机构能够不断调整和优化产品策略,确保始终与客户的需求保持同步。这种以数据驱动的个性化金融服务模式,正逐渐成为金融机构在竞争激烈的市场中脱颖而出的关键。

(三)增强交互性和透明度

金融科技正推动着传统金融机构在交互性和透明度方面实现显著提升。通过移动应用和在线聊天工具,金融机构能够与客户进行实时互动,及时解决客户在使用过程中遇到的问题和困惑。这种即时的沟通方式不仅提高了服务效率,还增强了客户的满意度和信任感。同时,金融机构还通过提供详细的交易记录、费用明细等信息,增加了服务的透明度。客户可以清晰地了解自己的每一笔交易和费用支出,从而对自己的金融活动有更全面的掌握。这种透明度的提升有助于消除客户对金融机构的疑虑和误解,增强彼此之间的信任。此外,金融机构还通过定期发布财务报告和市场分析,为客户提供更多有价值的信息,帮助其做出更明智的金融决策。

(四)创新服务模式和渠道

金融科技的不断创新为传统金融机构带来了服务模式和渠道的全新变

革。通过引入虚拟现实(VR)和增强现实(AR)等前沿技术,金融机构能够为客户提供更加沉浸式的服务体验。例如,客户可以通过 VR 技术身临其境地参观金融机构的虚拟营业厅,了解各种金融产品和服务。AR 技术可以用于展示复杂的金融图表和数据,帮助客户更直观地了解市场信息。此外,金融机构还可以与电商平台、社交媒体等合作,拓展其服务渠道。客户可以在购物时直接通过电商平台访问金融机构的服务,或者在社交媒体上了解最新的金融资讯和产品信息。这种跨界的合作模式不仅拓宽了金融机构的服务范围,还使其能够更紧密地融入客户的日常生活,提供更加便捷、高效的金融服务。通过这些创新的服务模式和渠道,金融机构正不断满足客户日益多样化的金融需求,提升在市场中的竞争力。

第三节　区块链技术在金融领域的创新应用

一、金融交易

(一)跨境支付

跨境支付一直是国际金融交易中的一个重要环节,但传统方式往往烦琐且成本高昂。随着区块链技术的引入,这一领域正经历着前所未有的变革。区块链技术以其去中心化、不可篡改的特性,为跨境支付提供了更为快捷、安全和便宜的解决方案。在传统的国际汇款过程中,资金往往需要经过多个中介机构和银行的处理,这不仅增加了交易费用,还使得整个支付过程变得冗长复杂。而区块链技术则能够实现资金的无缝连接和实时结算,无须中间环节的参与,从而大大降低了交易成本和时间。同时,区块链的透明性也增加了交易的可信度,使得跨境支付更加安全可靠。例如,通过利用区块链技术,资金可以直接从发送方转移到接收方,整个过程中信息得到加密保护,确保了资金的安全性和隐私性。这种创新性的支付方式,正逐渐改变国际金融交易的格局,为全球经济一体化提供了有力的支持。

（二）证券交易

证券交易作为金融市场的重要组成部分,其效率和安全性一直备受关注。然而,传统的证券交易过程中存在着许多烦琐和复杂的流程,如资产结算、清算和交易验证等,这些都需要耗费大量的时间和资源。区块链技术的引入,为证券交易带来了革命性的改变。通过基于区块链的分布式账本技术,可以实现资产的实时结算和清算,消除对传统中央结算机构的依赖。这种去中心化的交易方式,不仅提高了交易效率,还降低了交易成本。同时,区块链技术的不可篡改性确保了交易信息的真实性和完整性,提高了交易的透明度。此外,区块链技术还能够记录并验证交易的全过程,减少了潜在的欺诈风险,增强了投资者对市场的信心。

（三）保险业务

保险业务作为金融行业的重要支柱之一,其运营效率和风险管理能力直接关系到保险公司的竞争力和客户满意度。区块链技术的应用为保险业务带来了新的发展机遇。通过利用区块链的不可篡改性和透明度,可以确保保险合同的可信度和真实性,有效防止合同被篡改或伪造。智能合约的引入,更是为保险业务的处理提供了自动化和智能化的解决方案。例如,在索赔处理过程中,智能合约可以根据预设的条件自动执行赔偿流程,大大提高了处理效率。同时,将关键信息记录在区块链上,使得发起索赔的各个参与方都可以实时访问和验证信息,减少了信息不对称和欺诈行为的发生。此外,区块链技术还可以促进保险公司与其他金融机构之间的信息共享和合作,共同构建更加完善的风险管理体系。

二、金融服务

（一）智能合约

智能合约,作为区块链技术的璀璨明珠,正逐步革新着金融服务的运作模式。这是一种基于区块链的自动执行合约,其内核蕴含着预先设定的规则与条件,如同一位公正无私的数字裁判,确保交易双方的权益得到精准无误的保障。在金融机构的广阔舞台上,智能合约以其独特的魅力,实现了全球化交易与支付的无缝对接,无须烦琐的中介环节,交易效率得以大幅提升。更为引人注目的是,智能合约在自动结算方面的应用,如同一股清流,简化了传统金融交易中的复杂流程,使得资金流转更加迅捷高效。同时,它还提供了安全的保证金管理机制,确保每一笔交易都如同磐石般稳固可靠。最重要的是,智能合约所承载的透明性与不可篡改性,为金融服务筑起了一道坚不可摧的信任防线,让交易双方都能在公平、公正的环境中互利共赢。随着技术的不断成熟与应用的深入拓展,智能合约必将在金融服务的广阔天地中绽放出更加耀眼的光芒,引领金融服务迈向更加智能化、高效化的未来。

(二)供应链金融

供应链金融,作为区块链技术与金融服务深度融合的产物,正以其独特的优势重塑着供应链上的资金流动与融资方式。在传统的供应链金融模式中,信息不对称如同一道难以逾越的鸿沟,阻碍了资金的高效流通。而区块链技术的引入,如同一缕清风,吹散了信息不对称的阴霾。通过建立透明、不可篡改的供应链账本,区块链实现了供应链资源的实时追踪与验证,让每一笔交易都如同阳光下的玻璃般清澈透明。这不仅大幅降低了风险,还使得资金的流动变得更加高效与便捷。在区块链的赋能下,供应链金融如同插上了翅膀,能够更快速地响应市场需求,为供应链上的各方提供更加精准、高效的金融服务。可以预见,未来的供应链金融将在区块链技术的推动下,绽放出更加璀璨的光彩,为实体经济的繁荣发展贡献更大的力量。

(三)数据存储和共享

在金融服务领域,数据存储和共享的安全性与隐私保护一直是行业关注的焦点。传统的金融机构在处理客户数据时,如同走在钢丝绳上,稍有不慎便可能面临隐私泄露与安全风险。而区块链技术的出现,如同一道坚固的防盾,为金融服务的数据存储与共享提供了全新的解决方案。区块链的去中心化、加密与安全特性,如同三道坚固的防线,确保个人身份与交易数据得到严密的保护。在区块链的加持下,金融机构可以更加自信地实现数据共享,确保协作伙伴之间的数据一致性与安全性。这不仅提升了金融服务的效率与质量,还为客户提供了更加安全、可靠的金融服务体验。可以预见,随着区块链技术的不断发展与完善,数据存储与共享将在金融服务领域发挥更加重要的作用,为金融行业的持续健康发展提供有力的支撑。

三、金融监管

(一)风险管理

区块链技术还在风险管理方面发挥着重要作用。金融市场的风险管理需要对交易和投资组合进行实时监测和跟踪。传统的风险管理系统需要与各种金融机构和市场进行信息共享,因此存在信息不对称和数据延迟的问题。区块链技术可以提供分布式共享的数据和智能合约等工具来改善风险管理。金融机构可以通过区块链共享和共同维护的分布式账本,实现对金融产品和交易的实时监控。此外,通过智能合约,金融机构可以设定自动执行的规定和条件,确保交易在符合规定的风险限制条件下完成,有效降低了人为错误和潜在的欺诈行为。

(二)信息披露和透明度

信息披露和透明度也是区块链技术在金融监管中的重要应用。传统金融市场的信息披露通常需要金融机构和上市公司提供大量的文件和报告,涉及数据披露和审核等过程。这些过程需要耗费时间和人力,并且存在信息不对称的问题。区块链技术可以提供可信和透明的信息披露机制,减少信息不对称和报表造假的可能性。所有交易和合同都可以记录在区块链上,使得这些信息公开透明可查,并且不容易被篡改。这可以提高投资者对市场的信任度,促进金融市场的健康发展。

第八章　数字经济时代的组织结构与管理变革

第一节　数字化对组织结构的影响与要求

一、数字经济时代数字化对组织结构的影响

(一)组织层级的变革

1. 组织层级优化,提高决策效率

在传统的层级式组织结构中,信息传递往往需要经过多个层级,这不仅耗时耗力,还容易导致信息的失真和延误。在决策过程中,这种信息传递的不畅往往使得决策速度慢如蜗牛,响应市场变化的能力大打折扣。而数字化转型通过先进的信息技术手段,极大地提高了信息传递的效率和决策的速度。扁平化的组织架构应运而生,它减少了中间管理层级,使得信息能够像闪电一般快速、直接地在组织内传递。这种变化不仅使得决策过程更加迅速敏捷,还大大提高了决策的准确性。企业因此能够更加灵活地应对市场变化,抓住稍纵即逝的商机,从而在激烈的市场竞争中脱颖而出。

2. 深化信息透明度

在数字化环境下,信息的透明化程度得到了前所未有的提升。内部网络平台如企业的神经系统,将各个部门和员工紧密相连,信息在其中自由流动,无处不在。这种信息的快速传递不仅使得员工能够更快地获取与决策相关的信息,还使得他们能够更深入地了解公司的运营状况和未来发展方向。员工因此能够更加积极地参与公司事务,提出自己的见解和建议。这种全员参与的氛围不仅增强了员工的归属感和责任感,还激发了他们的创新精神和团队

协作意识。企业因此能够更加高效地运转,实现持续稳健的发展。

(二)灵活性和动态性提升

1.快速调整组织架构

在数字化时代,市场变化如风云变幻,企业要想在激烈的市场竞争中立于不败之地,就必须具备快速调整组织架构的能力。模块化的组织架构应运而生,它像积木一样可以根据业务的发展情况进行灵活组合和调整。这种组织架构不仅使得企业能够迅速响应市场变化,还能够实现资源的最优配置。当新的业务机会出现时,企业可以迅速组建相应的团队和部门,抓住商机;当某些业务不再具有竞争力时,企业也可以及时调整组织架构,削减成本,提高效率。这种灵活性和动态性不仅增强了企业的适应能力,还提高了其市场竞争力。

2.虚拟组织和远程办公

数字化技术的发展不仅改变了企业的组织架构,还催生了虚拟组织和远程办公的新型工作模式。借助云计算、视频会议等数字化工具,员工不再局限于固定的办公地点,而是可以在任何地方、任何时间进行工作。这种工作模式不仅使得员工能够更加灵活地安排自己的时间和生活,还使得企业能够突破自身的能力限制,与其他企业共同开拓市场、共享资源。虚拟组织的出现使得企业能够更加高效地利用全球范围内的人才和资源,提高创新能力和市场竞争力。同时,远程办公也降低了企业的运营成本,提高了工作效率和员工满意度。这种新型的工作模式正逐渐成为数字化时代企业组织结构的重要组成部分。

二、数字化对组织结构的要求

(一)适应快速变化的市场环境

1.提高组织敏捷性

在数字经济时代,传统的层级结构,如同沉重的锚链,束缚了企业的灵活性与反应速度。因此,企业需要摒弃这种僵硬的模式,转而采用更为扁平化和灵活的组织形式。扁平化的结构能够减少决策层级,加快信息传递速度,使企业能够迅速捕捉市场动态,及时调整战略方向。灵活的组织形式能够根据市场需求和技术变化,快速调整业务流程和资源配置,确保企业始终保持在市场的前沿。这种敏捷性不仅是企业应对市场变化的利器,更是企业在激烈竞争中脱颖而出的关键。

2. 推动组织人员合作性

敏捷的组织结构不仅要求企业在形式上做出改变,更要在内容上塑造一种鼓励合作、倡导创新的精神。在这种结构中,员工不再是被动的执行者,而是积极的参与者。他们被鼓励参与决策过程,提出自己的见解和建议。这种自我管理和自我激励的模式,能够极大地提高员工的参与感和成就感。当员工感受到自己的价值被认可、自己的努力能够为企业带来改变时,他们的创新热情和合作精神就会被充分激发出来。这种由内而外的创新力量,是企业持续发展的不竭动力。

(二)组织内员工数字技能提升

1. 加强技能培训

在数字化时代,技术更新迭代的速度超乎想象。因此,对于企业员工来说,掌握数字技能已经不再是一种选择,而是一种必然。企业应当深刻认识到这一点,积极投资于员工的继续教育和技术培训。通过定期举办培训课程、引入在线学习平台、邀请行业专家举办讲座等多种方式,帮助员工提升数字化素养和适应能力。只有这样,员工才能跟上技术发展的步伐,不被时代所淘汰。

2. 建立学习型组织

企业应当致力于建立一种学习型组织文化。在这种文化中,学习被视为一种常态,而不是一种额外的负担。企业鼓励员工保持好奇心和学习热情,不断探索新的知识和技能。同时,企业也为员工提供丰富的学习资源和支持,如图书资料、在线课程、实践机会等。通过这种持续的学习和实践,员工能够不断提升自己的数字技能,为企业的数字化转型和创新发展提供有力的支持。

同时,学习型组织也能够增强企业的凝聚力和竞争力,使企业在激烈的市场竞争中立于不败之地。

第二节　扁平化、灵活化组织结构的构建

一、构建扁平化组织结构的方式

(一)减少管理层级

1. 精简中间管理层

为了实现扁平化管理,企业需要重新评估和调整组织架构,减少不必要的中间管理层级。这些中间管理层往往承担着信息传递和决策中转的角色,但在数字化时代,信息技术的飞速发展使得信息传递变得更加迅速和便捷。因此,企业可以通过精简中间管理层,让决策层能够更直接地接触到一线员工和市场信息,从而提高决策效率和响应速度。同时,精简中间管理层还可以降低企业的管理成本,提高企业的整体运营效率。

2. 授权与责任下放

在减少管理层级的同时,企业还需要赋予员工更多的自主权和决策权。这不仅可以激发员工的积极性和创造力,还可以让他们更好地发挥自己的才能和潜力。当然,权力的下放也伴随着责任的承担。员工在享受更多自主权的同时,也需要承担相应的责任,确保自己的决策和行为符合企业的整体利益和长远发展目标。这种授权与责任下放的管理方式,有助于形成更加灵活、高效的工作氛围,推动企业的持续创新和发展。

(二)建立透明的沟通渠道

1. 搭建内部沟通平台

为了促进信息的快速传递和共享,企业需要搭建高效的内部沟通平台。这些平台包括企业内部网络、社交媒体、即时通信工具等,它们能够打破时间

和空间的限制,让员工随时随地进行交流和协作。通过这些平台,员工可以及时了解企业的最新动态、政策调整、项目进展等信息,从而更好地参与到企业的运营和管理中来。

2. 鼓励开放交流

除了搭建沟通平台外,企业需要倡导开放、包容的企业文化,鼓励员工之间的交流和协作。这种文化交流不仅有助于打破部门壁垒,促进跨部门的合作与协调,还可以激发员工的创新思维和团队意识。企业可以通过定期组织交流会、研讨会等活动,为员工提供更多的交流机会和平台,让他们能够在轻松愉快的氛围中分享经验、交流心得,共同推动企业的进步和发展。

(三)推行敏捷管理方法

1. 采用敏捷开发模式

敏捷开发是一种以人为核心、迭代式增进的开发方法,它强调快速反馈、持续改进和团队协作。将敏捷开发方法引入企业管理,可以帮助企业更好地应对市场变化和客户需求。通过迭代开发、快速反馈等机制,企业可以不断优化产品和服务,提高市场竞争力。同时,敏捷开发还强调团队协作和沟通的重要性,有助于形成更加紧密、高效的工作团队。

2. 强化跨部门协作

在扁平化组织结构中,跨部门协作是提高工作效率和协同效果的关键。企业可以通过建立跨部门项目团队、敏捷小组等形式,加强不同部门之间的协作和配合。这些团队和小组可以围绕特定的项目或任务进行组建,成员来自不同的部门和专业领域,他们通过共同的目标和愿景紧密联系在一起,实现资源共享和优势互补。这种跨部门协作的方式有助于打破部门壁垒,促进信息流通和资源共享,提高企业的整体运营效率和市场竞争力。

二、数字经济下,构建灵活化组织结构的方法

(一)建立模块化的组织架构

1. 划分业务模块

在数字经济时代,企业面临的市场环境日益复杂多变,传统的一体化组织

架构已难以满足快速响应市场需求的要求。因此,建立模块化的组织架构成为企业构建灵活化组织结构的首要选择。根据企业的业务特点和市场需求,将组织划分为若干独立的业务模块,每个模块负责特定的业务领域,如产品研发、市场营销、客户服务等。这种划分方式使得每个模块都能够更加专注于自身的核心业务,提高专业化和效率化水平。同时,模块之间的相对独立性也为企业的组织变革和业务拓展提供了更大的灵活性。

2. 实现资源共享

模块化的组织架构不仅有助于提升各业务模块的专业性,还能实现资源的高效配置和共享。通过建立统一的资源管理平台,企业可以将各模块的资源进行整合和优化,避免资源的浪费和闲置。例如,企业可以共享研发资源,促进技术创新;共享市场信息,把握市场动态;共享客户资源,提升服务质量。这种资源共享机制不仅提高了资源的利用效率,还增强了各模块之间的协同作战能力,使企业能够更加灵活地应对市场变化。

(二)推行弹性工作制度

1. 提供灵活的工作时间

在数字经济时代,员工的工作需求和生活习惯日益多样化,传统的固定工作时间制度已难以满足员工的个性化需求。因此,推行弹性工作制度成为企业构建灵活化组织结构的重要举措之一。企业可以根据员工的工作性质和任务要求,提供灵活的工作时间安排,如弹性上下班、错峰出勤等。这种灵活的工作时间制度不仅有助于缓解员工的压力,提高工作满意度和生活质量,还能激发员工的创造力和工作热情,提升企业的整体绩效。

2. 支持远程办公

随着信息技术的飞速发展,远程办公已成为一种新型的工作模式。企业可以利用现代信息技术手段,如云计算、视频会议等,支持员工远程办公,打破地域限制,提高工作效率和灵活性。远程办公不仅为员工提供了更加便捷的工作方式,还能减少通勤时间和成本,提高员工的工作效率和生活质量。同时,远程办公也为企业拓展了招聘范围,可以吸引更多优秀人才加入企业,提升企业的竞争力。

(三)建立快速响应机制

1. 建立快速响应小组

在数字经济时代,市场变化和客户需求日益快速多变,企业需要建立快速响应机制来应对这些变化。设立专门的快速响应小组是构建这种机制的有效方式之一。快速响应小组可以由跨部门的精英组成,负责快速响应和处理与市场变化和客户需求相关问题。小组成员需要具备敏锐的市场洞察力和快速决策能力,能够迅速捕捉市场动态和客户需求变化,并提出有效的应对方案。通过设立快速响应小组,企业能够更加灵活地应对市场变化,满足客户需求,提升市场竞争力。

2. 优化决策流程

传统的决策流程往往烦琐复杂,导致决策速度缓慢,难以适应数字经济时代快速变化的市场环境。因此,优化决策流程成为企业构建灵活化组织结构的重要任务之一。企业可以通过简化决策流程、减少审批环节、提高决策效率等方式来优化决策流程。同时,企业还可以利用大数据和人工智能等技术手段来辅助决策,提高决策的准确性和科学性。通过优化决策流程,企业能够更加快速地应对市场变化和客户需求,抓住商机,实现可持续发展。

第三节　数据驱动的管理决策体系建立

一、数据驱动决策体系的关键要素

(一)企业内外部关键数据的整合

在数字经济时代,构建数据驱动决策体系要求企业需要实现内外部关键数据的全面整合。这包括企业内部的生产数据、销售数据、财务数据等,这些数据反映了企业的运营状况、财务状况和市场表现。外部数据同样重要,如市场调研数据、社交媒体数据、客户反馈数据等,这些数据提供了市场动态、消费者行为和竞争态势的宝贵信息。为了确保数据的全面性、准确性和时效性,企业需要建立完善的数据收集机制。这要求企业有明确的数据收集目标和计划,选择合适的数据收集工具和方法,并确保数据收集过程的规范化和标准化。此外,企业还需要运用数据整合技术,将不同来源、格式的数据进行清洗、转换和融合。这一过程需要专业的数据处理技术和工具支持,以确保数据的准确性和一致性。通过数据整合,企业可以形成统一的数据视图,为后续的数据分析提供坚实的基础。

(二)关键数据的全面分析

数据整合只是数据驱动决策体系的第一步,真正的价值在于对数据的深入分析。企业需要运用统计学、机器学习、数据挖掘等技术手段,对整合后的数据进行全面、深入的分析。这些技术可以帮助企业发现数据背后的规律和趋势,揭示数据之间的关联性和依赖性。通过数据分析,企业可以识别出影响业务发展的关键因素,如市场需求变化、消费者偏好转变、竞争格局调整等。这些因素对企业的战略决策至关重要,因为它们直接影响了企业的市场定位、产品策略、营销策略等。同时,数据分析还可以帮助企业预测业务发展趋势,为企业的长远规划提供科学依据。此外,数据分析还可以用于评估决策效果。企业可以通过对比实施决策前后的数据变化,来评估决策的有效性和可行性。这种基于数据的评估方式更加客观、准确,有助于企业及时调整和优化决策方案。

(三)数据分析结果作为管理决策的主要依据

数据分析的结果对于管理决策来说至关重要,但如何将复杂的数据分析结果转化为易于理解的决策依据,是一个需要解决的问题。企业需要通过数据可视化工具,将数据分析结果以图表、仪表盘等形式直观地呈现出来。这样,决策者可以更快速、更准确地理解数据背后的信息,从而做出更加明智的决策。数据可视化不仅是一种技术手段,更是一种思维方式。它要求企业以直观、易懂的方式展示数据分析结果,让决策者能够一眼看出数据的变化和趋势。同时,数据可视化还可以帮助决策者发现数据中的异常点和潜在风险,从而及时采取措施进行应对。为了使数据分析结果更好地服务于管理决策,企业还需要建立数据驱动的决策文化。这要求企业鼓励员工使用数据进行分析和决策,培养员工的数据素养和决策能力。同时,企业还需要建立数据治理机制,确保数据的准确性、可靠性和安全性,为数据驱动决策提供有力保障。

二、数据驱动决策体系的实施步骤

(一)明确决策目标

明确决策目标不仅要求企业高层具备清晰的战略视野,还需要各部门之间的紧密协作。通过跨部门沟通,企业可以更全面地了解各业务线的需求,确保决策目标既符合整体战略,又能贴近实际操作。一旦目标确定,企业就能有针对性地收集和分析数据,避免数据的盲目堆积和无效处理。这不仅提高了数据分析的效率,也确保了决策的有效性和针对性。企业可以围绕这些目标,设计合适的数据指标和分析模型,为后续的决策制定提供有力的数据支撑。此外,明确决策目标还有助于企业评估数据驱动决策体系的效果。通过对比实施前后的决策质量和业务表现,企业可以直观地看到数据驱动决策带来的价值,从而坚定持续投入和优化这一体系的决心。

(二)构建数据集成平台

构建数据集成平台是实施数据驱动决策体系不可或缺的一环,这一平台扮演着数据中枢的角色,负责数据的收集、存储、处理和分析。企业需要谨慎选择数据存储和处理技术,确保平台能够高效、稳定的运行。数据仓库或数据湖是数据集成平台的核心组件。数据仓库用于存储结构化数据,而数据湖则能容纳非结构化数据,如文本、图像和音频等。通过建立统一的数据仓库或数据湖,企业可以实现数据的集中存储和管理,为后续的数据分析提供便利。同时,数据安全机制也是数据集成平台不可或缺的一部分。企业需要制定严格的数据访问权限和数据加密策略,确保数据的安全性和隐私保护。在数据泄露和滥用风险日益加剧的今天,这一步骤显得尤为重要。只有建立了完善的数据安全机制,企业才能放心地使用数据驱动决策体系,充分挖掘数据的价值。除了数据存储和处理技术外,数据集成平台还需要具备强大的数据分析功能。这可以通过集成数据分析工具或引入机器学习算法来实现。这些工具和技术能够帮助企业从海量数据中提取有价值的信息,为决策制定提供支持。

(三)培养数据人才

企业需要加强数据人才的培养和引进,建立一支具备数据分析能力和决策水平的专业团队。这支团队将负责数据的收集、处理、分析和解读,为企业的决策提供数据支撑。为了培养数据人才,企业可以开展内部培训或外部合作。内部培训可以通过举办数据分析课程、工作坊或研讨会等形式进行,帮助员工掌握数据分析的基本技能和方法。外部合作则可以通过与高校、研究机构或专业培训机构建立合作关系,引进先进的数据分析理念和技术。同时,企业还需要加强对全体员工的数据素养培训。数据素养是指个体获取、理解、处理和分析数据的能力。通过提高全员的数据素养,企业可以培养员工的数据意识,使他们能够在日常工作中更好地利用数据来解决问题和做出决策。此外,企业还可以通过设立数据分析师岗位、建立数据分析团队或设立数据科学部门等方式来吸引和留住数据人才。这些措施不仅可以提高企业的数据分析能力,还能激发员工对数据驱动决策的热情和参与度。

第四节　人才管理与激励机制的数字化转型

一、人才管理的数字化转型

(一)构建数字化人才画像

在数字经济时代,企业对于人才的需求日益多元化和精准化。为了更有效地管理和利用人才资源,构建数字化人才画像成为企业人才管理的新趋势。通过大数据、人工智能等先进技术,企业能够收集并分析人才的各项数据,包括技能水平、工作经验、发展潜力、价值观等多个维度,从而形成全面、精准的人才画像。数字化人才画像不仅有助于企业更深入地了解每一位员工的优势和特点,还能为人才招聘和配置提供有力支持。企业可以根据岗位需求,快速筛选出符合条件的人才,实现人与岗精准匹配。这不仅提高了招聘效率,还增强了员工的满意度和归属感。同时,数字化人才画像还能为企业的人才储备和战略规划提供数据支撑,帮助企业更好地应对市场变化和竞争挑战。此外,数字化人才画像还能促进企业内部的沟通与协作。通过共享人才画像信息,各部门可以更加清晰地了解彼此的人才需求和优势,从而加强跨部门合作,形成人才资源的协同效应。

(二)优化人才管理流程

传统的人才管理流程往往烦琐复杂,耗时耗力。而数字化手段的应用,则使得这些流程变得更加简捷高效。例如,在招聘环节,企业可以利用自动化招聘系统快速筛选简历,大大缩短了招聘周期。同时,在线学习平台的兴起,也为员工提供了更加便捷、个性化的培训方式。员工可以根据自己的需求和兴趣,随时随地进行学习,提高了培训效果和参与度。此外,智能绩效管理系统的应用,也使得员工评估更加客观、准确。系统可以根据员工的绩效数据,自动生成评估报告,为企业的薪酬调整和晋升决策提供依据。数字化手段的应用,不仅提高了人才管理的效率,还降低了管理成本。企业可以更加专注于人才的发展和利用,而不是被烦琐的行政事务所困扰。同时,数字化流程的优化,也使得人才管理更加透明、公正,增强了员工的信任感和归属感。

(三)建立人才发展体系

企业可以利用先进技术,建立更加完善、多样化的人才发展体系,为员工的成长和进步提供有力支持。虚拟现实(VR)、增强现实(AR)等技术的应用,为员工提供了沉浸式的学习体验。员工可以通过模拟真实场景,进行技能操作和实战演练,提高了学习的趣味性和实效性。同时,数据分析技术的应用,也使得企业能够更加准确地识别员工的成长潜力和发展路径。企业可以根据员工的个人特点和职业规划,制订个性化的职业发展计划,帮助员工实现职业目标。此外,数字化转型还促进了人才发展的跨界融合。企业可以与其他行业、领域进行合作交流,共享人才资源和培训经验。这种跨界融合的方式,不仅拓宽了员工的视野和知识面,还激发了员工的创新思维和创造力,使企业可以更加灵活地应对市场变化和竞争挑战,保持人才优势和创新活力。

二、激励机制的数字化转型

(一)个性化激励方案

在数字化转型中,企业激励机制的创新成为提升员工满意度和忠诚度的关键。个性化激励方案正是这一创新的重要体现。利用先进的数据分析技术,企业能够深入挖掘员工的个性化需求,从而制定出更加契合员工偏好的激励策略。年龄、性别、职位等员工基本信息,都是制定个性化激励方案的重要依据。对于年轻员工,企业可能更注重提供具有挑战性的工作任务和职业发展机会;对于资深员工,则可能更倾向于提供稳定的薪酬福利和尊重认可。此外,通过分析员工的工作表现、兴趣爱好等数据,企业还可以为员工提供定制化的培训计划和福利待遇,如专业技能培训、健康保险计划等。个性化激励方案的实施,不仅增强了员工对企业的归属感和认同感,还激发了员工的工作热情和创造力。同时,个性化激励方案也提高了企业的管理效率和决策科学性,使企业能够更精准地把握员工需求,优化人力资源配置。

(二)即时反馈与认可

在数字化转型的背景下,数字化工具的发展,使得企业能够实时、准确地捕捉员工的优秀表现,并及时给予表彰和奖励。移动应用、社交媒体等平台,成为企业即时反馈与认可的重要渠道。通过这些平台,企业可以迅速发布表彰信息,让员工在第一时间感受到自己的付出得到了认可和尊重。这种即时的正面反馈,极大地增强了员工的成就感和归属感,激发了他们的工作动力和创新精神。即时反馈与认可的实施,有助于营造积极向上的企业文化氛围。当员工看到自己的努力被及时认可时,他们会更加积极地投入到工作中去,努力追求更高的业绩和更好的表现。同时,这种正面的激励机制也会感染其他员工,形成良性循环,推动整个企业不断向前发展。此外,即时反馈与认可还有助于提高员工的工作满意度和忠诚度。员工在感受到企业的关怀和尊重后,会更加珍惜这份工作,愿意为企业的长远发展贡献自己的力量。因此,企业应充分利用数字化工具的优势,建立即时反馈与认可机制,让员工在工作中不断获得成就感和满足感。

(三)数据驱动的绩效管理

数字化转型为企业的绩效管理带来了新的机遇。数据驱动的绩效管理,正是这一转型的重要成果之一。通过数据分析技术,企业能够更准确地评估员工的工作表现,制定出更科学的绩效指标。数据驱动的绩效管理基于大量的员工行为数据和工作成果数据。这些数据通过数字化工具进行收集、整理和分析,形成了全面、客观的员工绩效评估报告。企业可以根据这些报告,对员工的工作表现进行量化评估,从而制定出更加合理的绩效指标和奖励机制。数据驱动的绩效管理不仅提高了绩效评估的准确性和公正性,还增强了员工的自我认知和提升意识。员工可以通过数字化绩效管理工具实时了解自己的绩效情况,明确自己的优点和不足,从而有针对性地进行自我提升和改进。这种自我驱动的成长模式,有助于激发员工的潜力和创造力,推动企业的持续创新和发展。同时,数据驱动的绩效管理还为企业的人力资源决策提供了有力支持。企业可以根据员工的绩效数据,制定出更加科学的人力资源规划和发展战略。这有助于优化人力资源配置,提高企业的整体运营效率和竞争力。

(四)股权激励与长期激励

在数字经济时代,股权激励和长期激励成为企业吸引和留住核心人才的重要手段。通过数字化平台,企业可以更加便捷地管理和跟踪股权激励计划,确保激励措施的有效实施。股权激励是一种将员工的利益与企业的长远发展紧密绑定在一起的激励方式。通过数字化平台,企业可以实时发布股权激励信息,让员工清晰了解自己的股权份额和收益情况。这种透明化的管理方式,增强了员工对企业的信任感和归属感,激发了他们的工作热情和创新精神。长期激励则是一种注重员工长期发展的激励方式。通过数字化平台,企业可以为员工提供个性化的职业发展规划和长期激励计划。这些计划根据员工的职位、技能、贡献等因素进行定制,旨在满足员工的职业发展需求和期望。同时,数字化平台还可以实时跟踪员工的职业发展情况,及时调整和优化激励计划,确保激励措施的有效性和针对性。股权激励与长期激励的实施,不仅有助于吸引和留住核心人才,还能激发员工的潜力和创造力,推动企业的持续创新和发展。因此,企业应充分利用数字化平台的优势,建立完善的股权激励与长期激励机制,为企业的长远发展提供有力的人才保障。

第九章 数字经济时代下的商业模式评估体系

第一节 商业模式评估的重要性与原则

一、商业模式评估的意义

(一)积极应对外部市场环境

在数字经济时代下,市场环境瞬息万变,技术革新、消费者需求、竞争格局等都在不断变化。商业模式作为企业与市场互动的核心框架,必须紧跟时代步伐,不断适应这些变化,因此对商业模式的评估显得尤为重要。通过定期评估,企业能够及时发现现有商业模式中存在的问题和不足,如市场响应速度过慢、成本结构不合理、用户体验不佳等。针对这些问题,企业可以迅速调整战略方向,优化资源配置,创新商业模式,以确保在激烈的市场竞争中保持领先地位。同时,评估还能帮助企业预测未来市场趋势,提前布局,抢占先机,为企业的长远发展奠定坚实基础。

(二)提升企业的核心竞争力

在数字经济时代下,企业的核心竞争力不再仅仅局限于产品或服务本身,更体现在商业模式的创新和优化上。一个优秀的商业模式能够显著提升企业的运营效率、降低成本、增加收入,从而增强企业的盈利能力。通过对商业模式的深入评估,企业可以清晰地认识到自身在价值链中的定位,识别出具有竞争优势的环节,并进一步强化这些环节。此外,评估还能帮助企业发现新的商业机会,拓展业务领域,实现多元化发展。这些举措都能有效提升企业的核心竞争力,使企业在数字经济时代下立于不败之地。

(三)促进企业的可持续发展

数字经济时代下,企业的可持续发展面临着诸多挑战,如环境保护、社会责任、资源利用等。商业模式的评估不仅关乎企业的经济效益,更关乎企业的社会效益和环境效益。通过评估,企业可以审视自身商业模式在环境保护、社会责任等方面的表现,发现潜在的环境风险和社会问题,并及时采取措施加以解决。例如,企业可以通过评估发现自身在供应链管理中的环保漏洞,进而优化供应链流程,采用更加环保的材料和技术,降低碳排放和环境污染。同时,评估还能帮助企业更好地履行社会责任,提升品牌形象和声誉,为企业的可持续发展赢得更多社会支持。

二、商业模式评估的原则

(一)系统性原则

在数字经济时代,商业模式不再是一个单一的概念,而是一个涵盖了产品、市场、客户、合作伙伴等多个方面的复杂系统。这个系统的每一个环节都紧密相连,共同构成了企业创造价值的核心机制。这要求在评估商业模式时,必须采用系统性的思维方法,全面、深入地分析商业模式的各个方面。系统性原则要求我们在评估过程中,不仅要关注商业模式的直接盈利点,还要考察其背后的支撑体系,如供应链、物流体系、技术平台等。同时,我们还需要分析商业模式与市场需求、客户行为、竞争对手策略等方面的匹配度。只有这样,我们才能确保评估结果的准确性和全面性,为企业的战略决策提供有力的支持。此外,系统性原则还强调在评估过程中要注重整体与部分的关系。商业模式作为一个整体,其各个部分之间相互依存、相互影响。因此,在评估时,我们不能孤立地看待某一个方面,而是要将它放在整个商业模式的大框架中去考虑,以确保评估结果的全面性和准确性。

(二)客观性原则

在数字经济时代,数据和信息成为企业决策的重要依据。商业模式评估也不例外,它必须基于客观的数据和事实,避免主观臆断和偏见。这就要求我们在评估过程中,要广泛收集和分析市场数据、客户反馈、竞争对手信息等,以确保评估结论的客观性和准确性。客观性原则强调了数据的重要性。在数字经济时代,数据是反映市场动态、客户需求和竞争态势的最直接、最有效的手段。因此,在评估商业模式时,我们必须充分利用数据资源,通过数据分析来揭示商业模式的内在规律和趋势。同时,客观性原则还要求我们在评估过程中要保持冷静和理性。在面对各种复杂多变的市场信息和数据时,我们要保持清醒的头脑,不被表面现象所迷惑,要深入剖析数据的本质和内涵,以形成客观、准确的评估结论。

(三)动态性原则

数字经济时代是一个快速变化的时代,市场环境、客户需求、技术革新等因素都在不断发生变化。因此在评估商业模式时,我们必须采用动态性的视角,关注市场环境的变化和趋势,及时调整和优化商业模式。动态性原则要求我们要有敏锐的市场洞察力。在数字经济时代,市场变化日新月异,我们必须时刻保持对市场动态的关注,及时发现并抓住新的市场机会。同时,我们还要密切关注竞争对手的动态,了解他们的策略和调整方向,以便及时调整自己的商业模式。此外,动态性原则还强调了商业模式的灵活性和可调整性。在数字经济时代,企业必须具备快速响应市场变化的能力,这就要求商业模式必须具备一定的灵活性和可调整性。只有这样,企业才能在激烈的市场竞争中立于不败之地。

(四)创新性原则

在评估商业模式时,我们必须鼓励创新,关注新的商业机会和趋势。创新性原则要求我们要有开放的思维和眼光。在数字经济时代,我们不能局限于传统的商业模式和思维方式,而是要敢于尝试新的商业模式和商业机会。同时,我们还要保持对新技术、新趋势的敏锐感知,及时发现并应用新的技术手段来优化和创新商业模式。此外,创新性原则还强调了商业模式的前瞻性和引领性。在数字经济时代,企业必须具备前瞻性的战略眼光,能够预见未来的市场趋势和发展方向。同时,企业还要通过创新商业模式来引领市场潮流,成为行业的佼佼者。

(五)可持续性原则

在数字经济时代,企业的长期发展和社会责任日益受到重视,这要求在评估商业模式时,必须关注其可持续性和社会责任。可持续性原则要求我们在评估过程中,不仅要考虑商业模式的盈利潜力和成长性,还要考察其对环境、社会和经济的影响。可持续性原则强调了企业的社会责任和长远利益。在数字经济时代,企业不能仅仅追求短期利益,而忽视了其对环境和社会的责任。一个优秀的商业模式应该能够在实现企业盈利的同时,也能够为社会和环境带来积极的影响。同时,可持续性原则还要求我们在评估商业模式时,要考虑其风险状况。在数字经济时代,市场环境和客户需求都在不断发生变化,商业模式也面临着各种风险和挑战。因此,在评估时,我们必须对商业模式的风险状况进行全面的分析和评估,以确保其能够长期稳健的运行。

第二节　评估指标体系的构建与优化

一、商业模式评估体系的构建

(一)选择评估指标

1. 财务指标

在数字经济时代,财务指标仍然是评估商业模式成功与否的重要基准。收入作为企业运营的直接成果,是衡量其市场规模和业务拓展能力的关键指标。一个健康的商业模式应当能够持续稳定地增加收入,无论是通过产品销售、服务提供还是订阅模式。利润则是企业盈利能力的直接体现,它反映了企业在扣除成本后的净收益。高利润率通常意味着企业有着良好的成本控制和高效的运营模式。毛利率则进一步细化了利润的结构,它揭示了企业销售商品或提供服务过程中直接成本的占比,是评估企业定价策略和成本控制效果的重要依据。在数字经济下,这些财务指标不仅需要定期监控,还需要结合大数据分析进行动态调整,以适应快速变化的市场环境。企业应当利用数字化工具优化财务管理,提高财务透明度,确保财务数据的准确性和时效性,从而为商业模式的持续优化提供坚实的数据支撑。

2. 市场指标

市场指标是衡量企业在特定市场中地位和表现的关键要素,市场份额直接反映了企业在整个市场中的占比,是评估其市场竞争力的核心指标。高市场份额通常意味着企业拥有较强的品牌影响力和客户基础。客户满意度是衡量企业产品或服务质量的晴雨表,它直接关系到客户的复购率和口碑传播。在数字经济时代,客户满意度可以通过在线评价、社交媒体反馈等多种渠道进行实时监测。品牌知名度是企业长期品牌建设的成果,它代表了企业在消费者心中的认知度和信任度。提升品牌知名度不仅需要高质量的产品和服务,还需要创新的营销策略和有效的数字传播手段。企业应当密切关注市场动态,不断调整市场策略,以巩固和扩大在市场中的领先地位。

3. 技术指标

在数字经济背景下,技术指标成为评估商业模式创新力和竞争力的重要维度。技术创新能力是企业持续发展的核心驱动力,它体现在企业能否不断推出新产品、新服务或新技术,以满足市场需求的变化。技术领先度衡量了企业在特定技术领域内的优势地位,包括专利数量、技术独家性等方面。一个具有技术领先度的企业,往往能够在市场中占据先机,形成技术壁垒,从而保护其市场份额和利润空间。在数字经济时代,技术的迭代速度加快,企业需要不断加大研发投入,引进和培养高端技术人才,以保持其在技术领域的领先地位。同时,企业还应当关注技术趋势,积极拥抱新技术,如人工智能、大数据、云计算等,以技术创新推动商业模式的升级和转型。

4. 客户指标

客户指标是评估商业模式客户价值和客户关系的重要依据。客户获取成本反映了企业吸引新客户所需的投入,包括市场营销费用、销售成本等。在数字经济时代,通过精准营销和数字化渠道,企业可以有效降低客户获取成本,提高营销效率。客户留存率是衡量企业客户满意度和忠诚度的关键指标,高留存率意味着企业能够持续提供有价值的产品或服务,保持客户的长期合作关系。客户终身价值综合考虑了客户的购买频率、购买金额、购买周期等因素,是评估客户长期贡献的重要指标。在数字经济下,企业应当利用大数据和人工智能技术,深入分析客户行为,实现客户需求的个性化满足,从而提高客户留存率和终身价值。同时,企业还应当建立完善的客户管理系统,加强与客户的互动和沟通,提升客户体验,增强客户忠诚度。

5. 合作伙伴指标

在数字经济时代,合作伙伴数量反映了企业在产业链中的合作广度和影响力,更多的合作伙伴意味着企业拥有更广泛的资源网络和市场渠道。然而,合作质量才是衡量合作伙伴关系深浅和成效的关键。高质量的合作伙伴关系能够带来资源共享、风险共担、互利共赢的效果,促进企业业务的快速发展。在数字经济下,企业应当积极构建开放合作的生态体系,与产业链上下游企业建立紧密的合作关系。通过数字化平台和技术手段,实现与合作伙伴的信息共享和业务协同,提高合作效率和效果。同时,企业还应当注重合作伙伴的选择和管理,建立科学的合作伙伴评估体系,确保合作伙伴的可靠性和稳定性,为商业模式的持续发展提供有力的支持。

(二)确定评估方式

在构建商业模式评估体系的过程中,评估方法的选择直接关系到评估结果的准确性和有效性,因此企业必须谨慎对待。针对不同类型的评估指标,企业应灵活选用相应的评估方法。对于财务指标,比率分析和趋势分析是两种常用的方法。比率分析通过计算各项财务指标之间的比率,如毛利率、净利率等,来评估企业的盈利能力、偿债能力和运营效率。趋势分析通过比较不同时间点的财务指标,分析企业的发展趋势和变化原因。这两种方法结合使用,可以全面反映企业的财务状况。而对于市场指标,问卷调查和市场调研是有效的评估手段。问卷调查可以直接获取消费者对产品或服务的满意度、需求和偏好等信息,帮助企业了解市场需求和竞争态势。市场调研可以通过收集行业报告、分析竞争对手情况等方式,为企业提供更为宏观的市场信息。此外,对于技术指标,专家评审和技术测试是不可或缺的评估环节。专家评审可以邀请行业内的专家对企业的技术创新能力、技术领先度等进行评价,提供专业的意见和建议。技术测试可以通过实验、模拟等方式,验证技术的可行性和稳定性,确保技术能够满足市场需求。

(三)构建评估模型

构建评估模型是商业模式评估体系的具体实现形式,它将多个评估指标综合起来,形成一个全面、系统的评估结果。在构建评估模型时,企业可以采用层次分析法(AHP)、数据包络分析(DEA)等方法。层次分析法是一种将决策问题分解为多个层次和因素,通过比较各因素之间的重要性,确定各因素的权重,从而得出综合评估结果的方法。在商业模式评估中,企业可以将评估指标分解为多个层次,如财务指标、市场指标、技术指标等,然后比较各指标之间的重要性,确定权重,最后计算出综合评估得分。数据包络分析则是一种非参数化的评估方法,它通过比较决策单元之间的相对效率来评估各决策单元的优劣。在商业模式评估中,企业可以将不同的商业模式视为不同的决策单元,通过数据包络分析来比较它们之间的相对效率,从而选出最优的商业模式。除了层次分析法和数据包络分析外,企业还可以根据实际需要,选择其他适合的评估方法来构建评估模型。无论采用哪种方法,都应确保评估模型的科学性和合理性,以便能够准确、全面地反映商业模式的绩效和潜力。此外,在构建评估模型时,企业还应注重模型的可操作性和实用性。评估模型应易于理解和操作,方便企业管理人员和员工进行实际应用。同时,评估模型还应具有一定的灵活性和可扩展性,以便能够适应企业发展和市场环境的变化。通过构建科学、合理、可操作的评估模型,企业可以更加准确地评估商业模式的优劣,为企业的战略决策提供有力支持。

二、商业模式评估体系的优化

(一)优化评估体系的全面性

在数字经济时代下,商业模式的复杂性和多样性日益增加,因此,商业模式评估体系必须不断优化,以确保其全面性和准确性。优化评估体系的全面性,意味着要涵盖商业模式的所有核心要素,包括价值主张、客户细分、渠道策略、收入来源、关键资源和关键活动等。一方面,评估体系应能够准确衡量价值主张的有效性。价值主张是企业提供给客户的独特价值,是商业模式的核心。优化评估体系时,应引入更加精细的指标,如客户满意度、客户忠诚度、客户推荐率等,以全面评估价值主张的市场接受度和客户认可程度。另一方面,随着市场细分的日益精细化,企业需要更加精准地识别和定位目标客户群体。优化评估体系时,应引入客户细分相关的指标,如客户画像的准确性、客户需求的满足程度等,以确保企业能够精准地满足客户需求。此外,渠道策略、收入来源、关键资源和关键活动等要素也应在评估体系中得到充分体现。通过引入相关指标,如渠道效率、成本结构、资源利用效率等,企业可以更加全面地评估商业模式的运营效率和盈利能力。

(二)引入数字化评估工具和技术

在数字经济时代下,数字化工具和技术为商业模式评估体系的优化提供了有力支持。通过引入大数据、人工智能、区块链等先进技术,企业可以更加精准地收集和分析数据,提高评估体系的准确性和效率。例如,利用大数据技术,企业可以实时跟踪和分析市场趋势、客户行为、竞争对手动态等信息,为商业模式评估提供丰富的数据支持。人工智能技术的应用,则可以帮助企业自动化处理和分析数据,提高评估体系的智能化水平。同时,区块链技术也可以为商业模式评估带来革命性的变化。通过区块链的不可篡改性和可追溯性,企业可以确保评估数据的真实性和完整性,提高评估结果的可信度。

(三)注重评估体系的动态性和灵活性

在数字经济时代下,市场环境和技术趋势都在不断变化,因此,评估体系必须具备动态性和灵活性,以适应这些变化。一方面,随着市场环境和客户需求的变化,原有的评估指标和方法可能不再适用,这要求企业定期审视和更新评估体系,确保其始终具有针对性和实效性。另一方面,随着商业模式的不断创新和演变,企业需要评估的商业模式种类和形式也在不断增加。因此,评估体系应具备足够的灵活性和可扩展性,以支持多元化的商业模式评估。此外,企业还应建立评估体系的反馈机制。通过收集和分析评估结果的反馈意见,企业可以及时发现评估体系中存在的问题和不足,并采取相应的措施进行改进和优化。这种持续改进和优化的过程,将有助于企业不断提升评估体系的准确性和效率。

第三节　商业模式绩效的量化评估方法

一、关键绩效指标与平衡计分卡法

(一)关键绩效指标(KPI)法

1. 数字化转型

在商业模式绩效的量化评估过程中,数字化转型的成效是衡量企业现代化进程和市场竞争力的重要指标。数字化产品销售占比作为其中的关键绩效指标(KPI),直接反映了企业数字化产品在整体销售中的贡献度。这一比例的提升,不仅意味着企业产品结构的优化,更彰显了其在数字化转型道路上的坚定步伐。通过持续追踪数字化产品销售占比的变化,企业可以清晰地看到数字化转型带来的直接经济效益,从而更加坚定地推进相关战略。线上渠道收入增长率是另一个衡量数字化转型效果的重要 KPI。随着互联网的普及和消费者购物习惯的改变,线上渠道已成为企业拓展市场、提升销量的重要途径。线上渠道收入增长率的高低,直接反映了企业在线上市场的竞争力和拓展速度。通过不断优化线上渠道布局、提升用户体验、加强营销推广等措施,企业可以有效提升线上渠道收入增长率,进一步推动数字化转型的进程。

2. 客户满意度

在商业模式绩效的量化评估中,客户满意度不仅直接反映了客户对企业产品或服务的认可程度,还间接影响了企业的市场份额和品牌形象。因此,将客户满意度作为关键绩效指标(KPI)进行量化评估,对于企业来说具有十分重要的意义。客户满意度调查得分是衡量客户满意度的直接指标。通过定期的客户满意度调查,企业可以了解到客户对产品或服务的整体评价,以及他们在使用过程中遇到的问题和不满。这些反馈信息对于企业来说非常宝贵,可以帮助它们及时发现并改进产品或服务中的不足之处,从而提升客户满意度。其中,客户投诉率的降低,意味着企业在产品质量、服务态度、售后服务等方面取得了显著进步。这不仅能够增强客户的忠诚度和黏性,还能够吸引更多潜在客户的选择。因此,企业应该将客户投诉率降低比例作为重要的 KPI 进行追踪和评估。除了客户满意度调查得分和客户投诉率降低比例外,企业还可以关注客户留存率、客户推荐率等指标来全面评估客户满意度。这些指标能够从不同角度反映客户对企业的认可和信任程度,为企业改进和优化产品或服务提供方向。

3. 市场份额

在商业模式绩效的量化评估体系中,市场份额是一个极具代表性的关键绩效指标(KPI)。它不仅直接反映了企业在特定市场或产品线中的竞争地位,还间接体现了企业的品牌影响力、市场拓展能力和客户满意度等多个方面的综合表现。

特定市场或产品线的市场份额增长率是衡量企业市场拓展能力的重要指标。通过持续追踪这一指标的变化,企业可以清晰地看到自己在市场中的成长轨迹和竞争态势。当市场份额增长率保持正值且持续上升时,意味着企业正在不断拓展新市场、吸引新客户,其竞争力和品牌影响力也在不断增强。除了市场份额增长率外,企业还可以关注绝对市场份额、相对市场份额等指标来全面评估自己在市场中的地位。绝对市场份额反映了企业在特定市场或产品线中的实际占有率,是衡量其市场规模和实力的直接指标。相对市场份额则是将企业与主要竞争对手进行比较,评估其在市场中的相对竞争地位。此外,在评估市场份额时,企业还需要考虑市场的整体发展趋势和竞争格局。如果市场整体处于增长阶段,那么企业市场份额的提升可能更加容易实现;反之,如果市场趋于饱和或萎缩,那么企业就需要通过创新、差异化竞争等策略来提升自己的市场份额。

4. 创新能力

在商业模式绩效的量化评估过程中,创新能力是一个不可或缺的关键绩效指标(KPI)。它直接反映了企业在技术研发、产品创新、市场开拓等方面的实力和潜力,是企业持续发展和保持竞争优势的重要基石。在快速变化的市场环境中,企业能否迅速推出符合市场需求的新产品,直接关系到其市场份额和盈利能力。因此,企业需要设定合理的新产品开发速度 KPI,以确保其产品创新能力始终保持在行业前列。并且,研发投入的多少直接决定了企业在技术研发方面的实力和潜力。通过设定合理的研发投入占比 KPI,企业可以确保其在技术研发方面的投入与业务发展需求相匹配,从而推动企业的持续创新和发展。除了新产品开发速度和研发投入占比外,专利申请数量也是衡量企业创新能力的重要指标之一。专利是企业技术创新成果的重要体现,也是保护企业知识产权、提升市场竞争力的重要手段。通过追踪专利申请数量的变化,企业可以了解到自己在技术创新方面的成果和进步,为未来的技术发展和市场拓展提供有力支撑。

(二)平衡计分卡(BSC)法

1. 财务维度

在商业模式绩效的量化评估中,财务维度是衡量企业经济效益和财务健康状况的关键。收入增长率是评估企业市场拓展能力和销售业绩的重要指标,通过对比不同时期的收入数据,可以直观反映企业商业模式的成长性和市场竞争力。利润率体现了企业盈利能力的强弱,高利润率意味着企业在成本控制、产品定价或市场拓展方面表现出色。现金流是企业运营的血液,良好的现金流管理能确保企业正常运转并应对突发情况。在数字经济时代,财务维度还需关注数字化产品的收入贡献、线上渠道的盈利能力以及数字化转型对财务绩效的提升作用。通过定期分析财务指标,企业可以及时调整商业模式,优化资源配置,确保财务目标的实现。

2. 客户维度

客户满意度是衡量企业产品和服务质量的重要标准,高满意度意味着客户对企业的认可和信赖,有助于提升客户忠诚度和复购率。市场份额反映了企业在特定市场中的站位和影响力,通过扩大市场份额,企业可以增强其市场地位和议价能力。品牌忠诚度是企业长期发展的基石,忠诚的客户不仅愿意持续购买企业产品,还会主动向他人推荐,形成口碑传播。在数字经济下,客户维度的评估还需关注线上客户的互动体验、个性化需求的满足程度以及数字化营销的效果。通过不断优化客户体验和提升服务质量,企业可以赢得更多客户的青睐和支持。

3. 内部业务流程维度

数字化流程优化是提高企业运营效率的关键手段。通过引入先进的数字化技术,企业可以实现业务流程的自动化、智能化和高效化。生产效率提升意味着企业在相同投入下能够产出更多产品或提供服务,从而降低单位成本,提高盈利能力。成本控制是企业持续发展的基础。通过精细化管理、流程优化和技术创新,企业可以有效降低运营成本,提升市场竞争力。在数字经济时代,内部业务流程维度的评估还需关注数字化技术的应用程度、数据驱动的决策能力以及跨部门协作的效率。通过不断优化内部业务流程,企业可以打造高效、灵活、可持续的运营模式。

4. 学习与成长维度

学习与成长维度是商业模式绩效量化评估中长远发展的保障。员工满意度是衡量企业内部氛围和员工归属感的重要指标,提高满意度有助于激发员工的积极性和创造力,推动企业持续发展。培训投入是企业对人力资源的重视和投入。通过定期培训和职业发展机会,员工可以不断提升专业技能和综合素质,为企业创造更多价值。技术创新是企业保持竞争优势的关键。通过持续研发和创新,企业可以推出新产品、新服务或新技术,满足市场需求并引领行业发展。在数字经济下,学习与成长维度的评估还需关注员工对数字化技术的掌握程度、创新文化的建设以及知识管理的效果。通过不断加强学习与成长,企业可以培养一支高素质、有创新精神的团队,为企业的长远发展提供有力支持。

二、精益六西格玛与统计结果量化法

(一)精益六西格玛(LSS)法

精益六西格玛(LSS)法,作为一种先进的质量管理方法论,其核心在于通过消除浪费、优化流程,进而实现企业绩效的显著提升。在数字经济浪潮下,LSS 法展现出了其在推动企业数字化转型中的独特价值。通过 DMAIC(定义、测量、分析、改进、控制)这一系统化的流程优化框架,企业能够精准识别数字化转型过程中的瓶颈与浪费,进而采取针对性措施加以改进。无论是数字化产品的研发、生产,还是客户服务流程的数字化改造,LSS 法都能提供一套科学的工具和方法来确保质量与效率的双重提升。同时,DFSS(六西格玛设计)更侧重于从源头设计出发,确保新产品或服务在诞生之初就具备六西格玛水平的高质量,为企业在数字经济时代赢得竞争优势。通过 LSS 法的深入应用,企业不仅能够有效提升数字化产品的质量,还能显著增强客户满意度,为商业模式的持续创新与发展奠定坚实基础。

(二)统计结果量化法

统计结果量化法,作为一种基于数据的绩效评估方法,它在商业模式绩效量化评估中扮演着至关重要的角色。通过全面、系统地收集和分析历史数据,企业能够直观地了解到数字化产品的销售表现、线上渠道的用户活跃度以及客户反馈的详细情况。这些数据不仅包括了数字化产品的销售额、销售量等直接经济指标,还涵盖了用户访问量、停留时间、转化率等反映用户行为的间接指标。同时,客户反馈的数量和质量也是评估商业模式数字化效果的重要依据。它们能够直接反映出市场对产品的接受程度以及客户的满意度。通过统计结果量化法,企业能够清晰地看到商业模式在数字化转型过程中的实际表现,为后续的决策调整提供有力的数据支持。

三、目标达成情况量化与分段赋值量化法

(一)目标达成情况量化法

目标达成情况量化法,是一种将实际绩效与预设目标进行对比的评估方法。在商业模式绩效量化评估中,这一方法显得尤为重要。企业可以设定一系列具体的数字化转型目标,如提高数字化产品销售占比至 50%、提升线上渠道用户活跃度至日均访问量 10 万次等。通过定期跟踪和监测这些目标的实

际达成情况,企业能够清晰地了解到商业模式在数字化转型过程中的进展与成效。同时,将实际绩效与预设目标进行对比,还能够直观地揭示出存在的差距和不足,为后续的改进和优化提供明确的方向。目标达成情况量化法不仅有助于企业及时发现问题、调整策略,还能够有效激发团队的积极性和创造力,推动商业模式持续创新与发展。

(二)分段赋值量化法

分段赋值量化法,是一种将绩效指标按照不同等级进行划分,并赋予相应分值的评估方法。在商业模式绩效量化评估中,这一方法能够更精确地衡量绩效水平,为企业的决策调整提供有力依据。以客户满意度为例,企业可以将其分为"非常满意""满意""一般""不满意"等几个等级,并分别赋予不同的分值。通过定期对客户满意度进行调查和评估,企业能够了解客户对产品和服务的整体评价以及存在的具体问题。同时,将客户满意度按照不同等级进行划分并赋予分值,还能够直观地反映出客户满意度的变化情况以及不同等级客户所占的比例。这有助于企业有针对性地改进产品和服务,提升客户满意度和忠诚度,为商业模式的长期发展奠定坚实基础。

四、行为锚定量化与模糊综合评价法

(一)行为锚定量化法

在商业模式绩效的量化评估过程中,行为锚定量化法是一种将定性行为转化为定量分值的有效方法。该方法通过为完成任务中的不同行为定义具体的水平刻度,使得原本难以衡量的行为表现得以量化。例如,在数字化转型的浪潮中,员工的参与度、创新能力、协作精神等行为对于企业的成功至关重要。然而,这些行为往往难以用传统的定量指标来衡量。而行为锚定量化法通过制定详细的行为锚定量化表,为这些行为设定了明确的分值标准。员工在数字化转型过程中的具体行为表现,如主动提出创新思路、积极参与跨部门协作等,都可以根据量化表给出相应的分值。这种方法不仅使得绩效评估更加客观、公正,还能激励员工积极展现良好的行为表现,从而推动企业的整体发展。

通过行为锚定量化法,企业可以更加精准地评估员工在商业模式运行中的贡献,为激励和奖励提供有力依据。同时,这种方法也有助于企业发现员工在行为表现上的不足,从而制订针对性的培训和发展计划,提升员工的整体素质和能力。

(二)模糊综合评价法

在数字经济时代,企业绩效受到多种复杂因素的影响,使得传统的定量评价方法难以全面、准确地反映企业的真实状况。模糊综合评价法作为一种以模糊数学为基础的评价方法,能够将定性的问题转化为定量方向,为企业的商业模式绩效提供全面、客观的评价。模糊综合评价法通过综合考虑多种因素,如市场环境、技术创新能力、客户满意度等,对企业绩效进行整体评估。这种方法不仅考虑了各因素之间的相互影响,还能够处理因素间的模糊性和不确定性,使得评价结果更加符合实际情况。运用模糊综合评价法,企业可以更加全面地了解自身在商业模式运行中的优势和不足,为制定发展战略和改进措施提供有力支持。同时,这种方法还能够帮助企业及时发现潜在的风险和问题,从而采取有效的应对措施,确保企业的稳健发展。

第四节　评估结果的反馈与应用机制

一、商业模式评估结果的反馈机制

(一)多元化反馈渠道

1. 定期报告制度的确立

企业应当设立专门的数据分析部门,该部门负责定期收集、整理和分析商业模式运营的相关数据,并生成详细的评估报告。这些报告不仅应涵盖关键绩效指标、市场趋势等基本信息,还应深入剖析商业模式存在的问题和潜在风险。报告生成后,应通过内部网络、电子邮件或定期会议等形式进行分享,确保企业高层管理者、各部门负责人以及一线员工都能及时了解商业模式的运营状况。

2. 即时通信工具的应用与整合

随着即时通信技术的飞速发展,企业应充分利用这些工具来加快信息的传递速度。通过整合企业微信、钉钉等即时通信平台,企业可以建立内部沟通群组或频道,用于实时分享评估结果、讨论问题和提出改进建议。这种即时的沟通方式有助于缩短决策周期,提高工作效率,确保评估结果能够迅速转化为实际行动。

3. 数据分析平台的搭建与优化

为了更直观地展示商业模式评估结果,企业有必要搭建数据分析平台。这些平台应具备强大的数据可视化功能,能够将复杂的评估数据以图表、仪表盘等形式呈现出来。同时,平台还应支持数据的实时更新和动态展示,确保相关人员能够随时掌握商业模式的最新运营状况。通过不断优化数据分析平台,企业可以提高评估结果的准确性和可用性,为决策提供更加有力的支持。

(二) 实时反馈系统的建立与实施

1. 关键指标的筛选与设定

企业应根据自身的业务特点和战略目标,筛选并设定一组关键指标进行实时监控。这些指标应能够全面反映商业模式的运营状况,如销售额、市场份额、客户满意度等。通过监控这些指标,企业可以及时发现潜在问题,为决策提供依据。

2. 警报机制的构建与完善

实时反馈系统应具备警报功能,当关键指标出现异常波动时,系统能够立即发出警报。警报信息应通过短信、电子邮件、即时通信工具等多种方式发送给相关人员,确保他们能够及时了解问题所在,并迅速做出响应。同时,企业还应不断完善警报机制,提高警报的准确性和及时性。

3. 应急响应流程的制定与演练

除了警报机制外,企业还应制定详细的应急响应流程。当实时反馈系统发出警报时,相关人员应按照既定的流程进行响应和处理,确保问题能够得到及时、有效的解决。此外,企业还应定期组织应急演练,提高员工的应急处理能力和协作效率。

(三)用户评价与反馈的收集与利用

1. 在线调查的设计与实施

企业可以通过设计在线调查问卷的方式,收集用户对商业模式的意见和建议。调查问卷应涵盖产品质量、服务水平、价格策略等多个方面,以全面了解用户的需求和期望。调查实施后,企业应对收集到的数据进行整理和分析,为改进和优化商业模式提供有力依据。

2. 社交媒体的监测与互动

社交媒体是用户表达意见和分享体验的重要平台。企业应密切关注社交媒体上的用户评论和反馈,及时了解用户对商业模式的看法和评价。同时,企业还可以利用社交媒体与用户进行互动和交流,增强用户的参与感和忠诚度。通过积极回应用户的评论和反馈,企业可以树立良好的品牌形象,提升用户满意度。

3. 客服渠道的完善与优化

客服渠道是用户反馈问题的重要途径。企业应建立完善的客服体系,确保用户能够方便地联系到客服人员并反映问题。客服人员应具备良好的沟通技巧和问题解决能力,能够及时处理用户的反馈和投诉。同时,企业还应不断优化客服渠道,提高服务效率和质量,为用户提供更好的服务体验。

4. 闭环管理的形成与实施

为了确保用户反馈得到有效利用,企业应形成闭环管理机制。当用户提出反馈或投诉时,企业应及时响应并处理;处理完毕后,还应将处理结果反馈给用户并征求其意见。通过形成闭环管理,企业可以确保用户反馈得到及时、有效的处理,同时增强用户的信任感和忠诚度。

二、商业模式评估结果的应用机制

(一)指导战略调整

在数字经济时代,商业模式评估结果成为企业战略调整的重要指南针。

通过深入剖析评估数据,企业能够清晰地洞察各个数字化产品在市场上的表现情况。一旦发现某个产品市场表现不佳,应立即采取针对性措施进行战略调整。企业可以借此机会,重新审视该产品的市场定位,思考是否偏离了目标消费群体的需求,或者与竞争对手的差异化不足。同时,产品功能也是审视的重点,是否满足用户的实际需求,是否存在功能冗余或缺失。营销策略同样不容忽视,是否有效地触达目标用户,是否充分利用了数字营销工具。基于这些评估结果,企业可以果断地进行战略调整,优化市场定位,完善产品功能,创新营销策略,从而提升产品的市场竞争力,实现企业的可持续发展。

(二)优化资源配置

商业模式评估结果为企业优化资源配置提供了科学依据。在数字经济背景下,资源的高效利用是企业提升竞争力的关键。对于表现优秀的数字化产品,评估结果无疑是对其市场潜力和盈利能力的肯定。企业可以据此加大投入,无论是研发资源、营销资源还是运营资源,都应该向这些优势产品倾斜。通过扩大市场份额,进一步巩固其市场地位,形成良性循环。对于表现不佳的产品,评估结果则提示企业需要审慎对待,减少不必要的投入,避免资源浪费,同时调整资源配置方向,将资源转移到更有前景的产品或领域。这种基于评估结果的资源配置优化,能够确保企业资源的有效利用,提升整体运营效率。

(三)促进技术革新

商业模式评估结果不仅是企业现状的反映,更是未来技术革新的风向标。在数字经济时代,技术创新是企业持续发展的核心驱动力。通过分析评估结果中的用户反馈和市场趋势,企业可以敏锐地捕捉新的技术需求或潜在的市场机会。这些需求和机会往往隐藏着巨大的商业价值,值得企业投入研发资源进行深入探索。无论是产品技术的升级换代,还是服务模式的创新变革,都需要企业以评估结果为导向,明确技术创新的方向和目标。通过不断的技术革新,企业能够保持其在市场中的领先地位,满足用户日益多样化的需求,开拓新的市场空间。

（四）提升员工绩效

商业模式评估结果还与企业员工绩效紧密相关,员工的积极性和创造力是企业宝贵的无形资产。将评估结果与员工绩效挂钩,能够激发员工的内在动力,使其更加投入地工作。对于在数字化产品销售、客户服务等方面表现突出的员工,企业应该给予充分的认可和奖励。这种认可不仅体现在物质层面,如奖金、晋升等,更体现在精神层面,如表彰、荣誉等。通过树立榜样,营造积极向上的工作氛围,能够激发整个团队的绩效提升。同时,评估结果还可以作为员工培训和发展的依据,帮助员工明确自己的优势和不足,制定个性化的职业发展规划,从而不断提升员工的综合素质和业务能力。

第十章　数字经济时代商业模式的
持续改进策略

第一节　持续改进的必要性与驱动力

一、商业模式持续改进的必要性

(一)适应市场变化

在数字经济时代,市场环境与以往相比发生了翻天覆地的变化,其变化的速度和幅度都达到了前所未有的水平。这一变革的核心驱动力在于新兴技术的不断涌现,这些技术如同潮水般冲击着传统的商业模式,为企业带来了前所未有的机遇与挑战。人工智能、大数据、云计算等技术的普及,使得企业能够以前所未有的方式收集、分析和利用数据,从而更精准地把握市场动态,预测消费者行为。消费者偏好的转变也是市场变化的一个重要方面。随着社会的进步和人们生活水平的提高,消费者对产品和服务的需求日益多样化、个性化。企业必须紧跟这一趋势,通过持续改进商业模式,以满足消费者不断变化的需求。例如,通过引入智能化、定制化的生产和服务流程,企业能够更快速地响应市场变化,提供更符合消费者期望的产品和服务。

(二)提升竞争力

一个独特且高效的商业模式,不仅能够帮助企业在市场中占据优势地位,还能够吸引更多的客户和合作伙伴,共同推动企业的发展。商业模式是企业核心竞争力的体现。通过不断优化和创新商业模式,企业能够形成独特的竞争优势,从而在市场竞争中脱颖而出。例如,通过引入先进的技术手段和管理理念,企业能够提高生产效率和产品质量,降低成本,从而在价格竞争中占据优势。同时,独特的商业模式还能够为企业带来品牌效应,提升企业的知名度和美誉度,吸引更多消费者关注和青睐。持续改进商业模式也是企业不断提升自身竞争力和市场地位的重要途径。随着市场环境的不断变化,企业必须不断调整和优化商业模式,以适应新的市场环境和消费者需求。通过持续改进,企业能够不断发现新的商业机会和增长点,拓展业务领域,提升市场竞争力。因此,企业必须重视商业模式的持续改进和创新。要不断加强技术研发和创新能力,探索新的商业模式和发展路径。同时,还要加强与合作伙伴的沟通和协作,共同推动商业模式的优化和升级,实现共赢发展。

(三)满足消费者需求

在数字经济时代,消费者的需求日益多样化和个性化,这对企业提出了更高的要求。为了满足消费者的需求,企业必须通过持续改进商业模式,更好地了解和把握消费者的心理和行为习惯。一方面,企业要通过市场调研和数据分析等手段,深入了解消费者的需求和偏好。通过收集和分析消费者的反馈意见和购买行为数据,企业能够更准确地把握消费者的需求变化和市场趋势,为商业模式的改进提供有力支持。另一方面,企业要不断创新产品和服务模式,以满足消费者的个性化需求。例如,通过引入订阅制、按需服务等新型商业模式,企业能够更灵活地满足消费者的需求,提升消费者的满意度和忠诚度。同时,企业还可以通过定制化生产和服务等方式,为消费者提供更加个性化、差异化的产品和服务体验。企业要加强与消费者的互动和沟通,建立良好的客户关系。通过社交媒体、在线客服等渠道,企业能够及时回应消费者的疑问和反馈,增强消费者的信任感和归属感。企业还可以通过举办线上线下活动等方式,与消费者建立更紧密的联系,提升品牌影响力和市场竞争力。

二、商业模式持续改进的驱动力

(一)技术进步

1. 新兴技术的创新潜力

新兴技术正在深刻改变着企业的运营方式和商业模式,不仅提高了企业的生产效率和管理水平,还为企业开拓了新的市场机会。例如,通过大数据分析,企业可以更精准地了解消费者需求,从而定制化产品和服务,满足消费者的个性化需求。

2. 深化市场洞察

技术进步使得企业能够更深入地洞察市场动态和消费者行为。通过数据挖掘和分析,企业可以实时掌握市场动态,了解消费者偏好的变化,从而及时调整商业策略。这种实时的市场洞察能力,使企业能够更加灵活地应对市场变化,保持竞争优势。

3. 优化运营管理

新兴技术还极大地优化了企业的运营管理。通过对自动化、智能化技术的应用,企业可以提高生产效率,降低运营成本,提升服务质量。例如,对智能制造技术的应用,使得企业能够实现生产过程的自动化和智能化,大大提高了生产效率和产品质量。

4. 保障交易环境

在数字经济时代,交易环境的安全性是企业必须考虑的重要因素。新兴技术如区块链、加密技术等,为交易环境提供了有力的安全保障。通过对这些技术的应用,企业可以确保交易过程的安全性和透明度,增强消费者对企业的信任感。技术进步不仅改变了企业的运营方式和商业模式,还推动了企业组织结构的变革和人才需求的升级。企业需要不断引进和培养掌握新技术的人才,以适应技术进步的步伐。同时,企业还需要调整组织结构,以适应新技术带来的业务流程变化。在技术进步的推动下,商业模式创新成为企业保持竞争力的关键。企业需要不断探索新技术在商业模式中的应用,通过技术创新推动商业模式的持续改进和创新。

(二)消费者行为变化

1. 消费者偏好的转变

随着时代的发展,消费者的偏好也在不断变化。例如,年轻一代消费者更加注重个性化和时尚感,他们更倾向于选择具有独特设计和创新元素的产品和服务。因此,企业需要不断调整产品和服务策略,以满足年轻消费者的需求。同时,随着环保意识的提高,消费者也越来越注重产品的环保性能和可持续性。这要求企业在生产过程中采用环保材料和技术,降低产品对环境的影响。

2. 消费习惯的变化

随着移动互联网的普及和社交媒体的发展,消费者的消费习惯也在发生变化。越来越多的消费者选择在线购物和移动支付,这要求企业建立更加便捷、高效的在线购物平台,并提供安全的支付环境。同时,社交媒体的发展也使得消费者更加注重社交分享和互动体验。企业需要通过社交媒体平台与消费者建立更紧密的联系,加强互动和沟通,提升消费者的参与感和忠诚度。

3. 商业模式的调整与优化

面对消费者行为的变化,企业需要及时调整和优化商业模式。例如,通过线上线下融合的方式,提供更加便捷、个性化的购物体验;通过社交媒体营销和口碑传播,提高品牌知名度和美誉度;通过数据分析和技术创新,提升运营效率和服务质量。这些调整和优化措施有助于企业更好地适应市场需求,保持竞争优势。

4. 消费者关系的革新

在消费者行为变化的背景下,企业需要重塑与消费者的关系。传统的商业模式往往以产品为中心,忽视了消费者的需求和体验。现在,企业需要更加关注消费者的需求和反馈,通过提供优质的产品和服务,建立与消费者的信任和互动关系。这种消费者关系的重塑有助于企业更好地了解市场需求,推动商业模式的持续改进和创新。

(三) 市场竞争加剧

1. 资源整合与市场拓展的新路径

随着数字技术的飞速发展,行业边界变得日益模糊,跨界合作成为企业拓展市场、整合资源的重要手段。在激烈的市场竞争中,单一企业往往难以拥有足够的资源和能力来应对复杂多变的市场环境。因此,通过跨界合作,企业可以与其他行业、领域的企业携手共进,共同开发新市场,创造新价值。例如,传统零售业与互联网技术的结合,催生了电商平台的崛起。这些平台通过整合线上线下资源,为消费者提供了更为便捷、丰富的购物体验。同时,它们也利用大数据、人工智能等技术,对消费者行为进行深入分析,从而实现精准营销和个性化服务。这种跨界合作的模式,不仅拓展了企业的业务范围,还提高了其市场竞争力。

2. 打造共赢共生的商业生态系统

在数字经济时代,企业之间的竞争已经不再是简单的零和博弈,而是趋向于构建共赢共生的商业生态系统。通过构建生态,企业可以汇聚更多合作伙伴的力量,共同应对市场挑战,分享市场机遇。生态构建的核心在于开放和共享。企业需要开放自己的资源和能力,吸引更多合作伙伴加入生态系统中来。同时,也要愿意与合作伙伴分享市场机遇和成果,实现互利共赢。例如,互联网企业通过开放 API 接口、提供开发工具等方式,吸引了大量开发者加入其生态系统中来。这些开发者为平台带来了丰富的应用和服务,进一步增强了平台的吸引力和竞争力。

3. 持续创新是保持竞争力的关键

在市场竞争加剧的背景下,持续创新成为企业保持竞争力的关键。企业需要不断推出新产品、新服务、新模式,以满足消费者日益多样化的需求。同时,也要通过技术创新、管理创新等方式,提高运营效率和降低成本。例如,企业通过引入人工智能、大数据等技术,对生产流程进行智能化改造和优化。这不仅提高了生产效率和产品质量,还降低了人力成本和时间成本。另外,部分企业还通过创新管理模式和组织结构等方式,提高了企业的灵活性和响应速度。这些创新举措都为企业保持竞争力提供了有力支持。

(四)企业内在需求

1. 实现长期发展目标是商业模式创新的战略选择

每个企业都有自己的长期发展目标,这些目标可能是市场份额的提升、品牌影响力的增强、技术创新能力的突破等。为了实现这些目标,企业需要不断创新和优化商业模式。例如,企业通过引入新的商业模式如订阅制、平台化等,成功实现了市场份额的提升和品牌影响力的增强。这些新的商业模式不仅满足了消费者的个性化需求,还为企业带来了稳定的收入来源和持续的竞争优势。

2. 提高运营效率是数字化转型与流程优化的核心

在数字经济时代,数字化转型已成为企业提高运营效率的重要途径。通过数字化转型,企业可以实现业务流程的自动化、智能化和标准化,从而提高工作效率和准确性。同时,流程优化也是提高运营效率的重要手段。企业需要对现有流程进行深入分析,找出瓶颈和浪费环节,并进行针对性优化。例如,通过简化操作流程、减少审批环节等方式,可以显著提高工作效率和员工满意度。

3. 降低成本是资源优化与成本控制的主要方式

在激烈的市场竞争中,成本控制是企业保持竞争力的重要环节。企业需要通过优化资源配置、降低浪费等方式来降低成本。例如,企业通过引入先进的生产技术和管理方法,提高了资源利用效率和生产效率,从而降低了成本。另外,一些企业还通过采购策略的优化、库存管理的改进等方式来降低成本。这些策略的实施都为企业保持竞争力提供了有力支持。

第二节　基于评估结果的改进方向确定

一、市场洞察度与客户体验度

(一)深化市场洞察,精准定位目标市场

1. 建立完善的市场调研体系

企业应构建一套科学、系统的市场调研体系,确保能够全面、及时地收集到市场信息。这包括消费者需求、竞争对手动态、行业趋势等多个方面。通过市场调研,企业可以了解市场的最新变化,为决策提供依据。在收集到市场信

息后,企业还需要通过数据分析和挖掘,提炼出有价值的信息。这包括消费者偏好的变化、竞争对手的市场策略、行业发展的热点等。通过数据分析,企业可以更加深入地了解市场,为精准定位目标市场提供有力支持。

2. 制定针对性的产品规划

基于市场洞察的结果,企业应制定针对性的产品规划,这包括确定目标市场的细分群体、制定差异化的营销策略、规划符合市场需求的产品线等。通过精准定位目标市场,企业可以更好地满足消费者需求,提升市场竞争力。

(二)注重客户体验

1. 全方位、个性化的客户体验设计

企业应从产品设计、服务流程、售后服务等多个环节入手,打造全方位、个性化的客户体验。这包括提供符合消费者需求的产品、简洁易用的操作界面、便捷高效的购物流程等。通过优化客户体验设计,企业可以提升消费者的满意度和忠诚度。

2. 及时了解客户需求和意见

企业应建立有效的客户反馈机制,及时了解客户的需求和意见。这可以通过客户调查、在线评价、客服咨询等多种方式实现。通过了解客户需求和意见,企业可以及时调整产品和服务,满足消费者的期望。

3. 不断优化产品和服务

基于客户反馈和市场变化,企业应不断优化产品和服务。这包括改进产品功能、提升服务质量、增加增值服务等。通过不断优化产品和服务,企业可以保持市场竞争力,赢得更多客户的信赖和支持。

二、组织架构与运营流程

(一)优化组织结构,提升组织适应性

1. 打破部门壁垒,促进各个部门协同并进

传统的企业组织结构往往按照职能划分部门,如市场部、销售部、研发部

等。这种结构在一定程度上保证了各部门的专业性和独立性,但也容易导致部门之间的信息孤岛和协作障碍。为了提升组织的适应性,企业必须打破这种部门壁垒,促进跨部门协作。企业可以通过建立跨部门项目团队、设立跨部门沟通机制等方式,加强部门之间的联系和合作。例如,可以设立一个由不同部门成员组成的创新小组,负责探索新的商业模式和技术应用。这样的小组可以打破部门界限,将不同领域的专业知识和经验融合在一起,为企业创造更多的价值。

2. 推动资源共享,提高资源利用率

在数字经济时代,资源的高效利用是企业保持竞争力的关键。传统的组织结构往往导致资源分散和重复建设。为了优化资源配置,企业必须推动资源共享。企业可以通过建立资源共享平台、制定资源共享政策等方式,实现资源的集中管理和高效利用。例如,可以建立一个统一的客户数据平台,让市场部、销售部和客户服务部等部门都能共享客户数据,从而提高客户服务的效率和质量。同时,企业还可以制定资源共享的激励政策,鼓励各部门主动分享自己的资源和经验。

3. 构建网络化的组织架构,提升组织灵活性

网络化的组织架构是一种更加灵活、高效的组织形式。它通过打破传统的层级关系,建立基于项目和任务的临时性组织,使企业能够更快速地响应市场变化。

企业可以通过引入敏捷管理方法、建立项目制组织等方式,构建网络化的组织架构。例如,可以采用敏捷开发方法,将研发过程分为多个迭代周期,每个周期都由一个跨部门的项目团队负责完成。这样的组织架构可以使企业更灵活地调整项目方向和资源分配,从而提高项目的成功率和市场竞争力。

（二）优化运营流程,提升运营效率

1. 全面梳理运营流程,找出瓶颈和浪费环节

优化运营流程的第一步是全面梳理现有的流程,找出其中的瓶颈和浪费环节。企业可以通过流程图、流程分析表等工具,对运营流程进行可视化和量化分析。在梳理过程中,企业要特别关注那些重复、烦琐、低效的环节,以及那些导致客户不满和投诉的环节。这些环节往往是优化流程的重点对象。通过找出这些环节,企业可以明确优化的方向和目标。

2. 引入先进流程管理理念,进行流程再造和自动化改造

在找出瓶颈和浪费环节后,企业需要引入先进的流程管理理念和技术手段,进行流程再造和自动化改造。流程再造是指对现有的流程进行重新设计和优化,以消除浪费、提高效率和质量。自动化改造则是指通过引入自动化技术和设备,替代人工操作,提高流程的执行效率和准确性。企业可以借鉴精益管理、六西格玛等先进理念和方法,对流程进行再造和优化。同时,还可以引入 RPA(机器人流程自动化)、AI(人工智能)等先进技术,对流程进行自动化改造。通过这些手段,企业可以显著提高流程的效率和质量,降低运营成本和风险。

3. 建立流程监控机制,持续改进流程

优化运营流程是一个持续的过程,需要建立有效的监控机制,及时发现和解决流程中的问题。企业可以通过设立流程监控指标、建立流程审计制度等方式,对流程的执行情况进行实时监控和评估。同时,企业还可以建立流程改进小组或流程管理委员会,负责流程的持续优化和改进工作。这个小组或委员会可以定期召开会议,审查流程的执行情况,提出改进意见和建议。通过这样的机制,企业可以确保流程始终保持在最优状态,为企业的持续发展提供有力支持。

三、扩宽业务领域范围

(一)加强各领域协同合作,拓展业务范围

1. 跨界合作,开拓新市场

跨界合作是企业拓展业务范围的重要途径。通过与其他行业的企业合作,企业可以借鉴不同行业的经验和技术,将自身的产品与服务延伸到新的领域。例如,科技企业与传统制造业的合作,可以将智能技术应用到生产流程

中,提高生产效率和产品质量;零售企业与金融企业的合作,可以推出联名信用卡、消费分期等金融服务,增强客户黏性。在跨界合作过程中,企业需要注重合作伙伴的选择和沟通。选择具有互补优势、共同价值观的合作伙伴,有助于形成稳定的合作关系。同时,加强合作过程中的沟通和协调,确保合作项目的顺利实施和成果共享,是跨界合作成功的关键。

2. 基于资源合理利用,创造新价值

企业可以通过开放自身的资源,如技术、数据、渠道等,与合作伙伴共同开发新产品、新服务。这不仅可以降低开发成本,还可以加速新产品的上市速度,提高市场竞争力。在资源合理利用的过程中,企业需要建立完善的合作机制和保障体系。明确合作双方的权利和义务,确保资源的合法合规使用,是保障合作顺利进行的重要前提。同时,企业还需要注重知识产权的保护和管理,避免在合作过程中产生纠纷和风险。

3. 优势互补,实现共赢

不同行业的企业拥有各自独特的资源和优势,通过合作可以实现资源的互补和整合,形成更强的综合竞争力。例如,互联网企业拥有庞大的用户数据和先进的算法技术,而传统企业则拥有丰富的行业经验和实体资源。两者合作,可以将互联网企业的技术优势应用到传统企业中,推动传统企业的数字化转型和升级。实现优势互补需要企业在合作过程中保持开放和包容的心态。尊重合作伙伴的意见和建议,充分发挥各自的优势,共同制订合作方案和实施计划。同时,企业还需要注重合作成果的共享和分配,确保合作双方的利益得到保障和实现。

(二)构建商业生态,提升整体竞争力

1. 开放平台,推进合作

开放平台是构建商业生态的基础。企业可以通过开放 API 接口、提供开发工具等方式,为合作伙伴提供便捷的服务和支持。这种开放的方式,可以降低合作伙伴的开发成本和技术门槛,吸引更多合作伙伴加入生态中。在开放平台的过程中,企业需要注重平台的安全性和稳定性。建立完善的安全机制

和监控体系,确保平台的数据安全和运行稳定。同时,企业还需要注重平台的易用性和可扩展性,为合作伙伴提供良好的开发环境和用户体验。

2.提供支持,共谋发展

作为商业生态的构建者,企业需要为合作伙伴提供全方位的支持和服务,包括技术支持、市场推广、培训指导等多个方面。通过提供这些支持和服务,企业可以帮助合作伙伴更好地融入生态中,实现共同发展。在提供支持的过程中,企业需要注重合作伙伴的需求和反馈。及时了解合作伙伴的需求和意见,调整支持策略和服务内容,是提升合作伙伴满意度和忠诚度的关键。同时,企业还需要注重与合作伙伴的沟通和协作,共同解决合作过程中遇到的问题和挑战。

第三节　持续改进的实施步骤与关键措施

一、商业模式持续改进的实施步骤

(一)设定具体改进目标

在数字经济中,企业要想保持竞争力,就必须对商业模式进行持续改进。设定具体、可衡量的改进目标是这一过程中的首要步骤。企业应基于对自身商业模式的全面评估结果,明确哪些环节需要优化,哪些领域需要拓展。这些改进目标不仅要具体明确,如提高客户满意度、降低运营成本、拓展新市场等,还要与企业的长期战略紧密相关,确保数字化转型的努力能够支撑起企业的长远发展。目标的设定要充分考虑市场的变化和企业的实际情况,既要具有挑战性,又要具有可实现性。通过设定这样的目标,企业可以明确改进的方向和重点,为后续的改进工作提供清晰的指引。同时,这些目标还可以作为衡量改进效果的标准,帮助企业及时评估改进的成效,调整改进策略,确保持续改进工作能够稳步推进,为企业的数字化转型和长期发展奠定坚实基础。

（二）制订改进计划

1. 问题识别与优先级排序

在制订商业模式改进计划时,企业需要通过数据分析等手段,深入挖掘商业模式中存在的问题,如流程不畅、效率低下、客户体验差等。这些问题可能隐藏在企业的各个环节中,需要通过细致的分析和梳理才能发现。一旦识别出问题,企业还需要根据问题的严重性和紧迫性进行优先级排序。对于那些严重影响企业运营和客户体验的问题,应优先解决;对于那些潜在风险较大、可能对企业造成长远影响的问题,也应给予高度重视。通过这样的问题识别与优先级排序,企业可以确保改进工作有的放矢,优先解决最关键、最紧迫的问题。

2. 设计解决方案

问题识别之后,接下来就是设计具体的改进建议和解决方案。方案设计需要充分考虑资源的可用性,确保企业有足够的资源来支持改进工作的实施。同时,方案还要具有可行性,能够在实际操作中得以落地。在设计方案时,企业还要对潜在的风险进行充分评估,制定相应的风险应对措施,确保改进工作能够顺利进行。此外,方案的设计还要注重创新性和前瞻性,要能够引领企业走在行业的前沿,为企业的未来发展奠定良好基础。通过这样的方案设计,企业可以制订出既符合实际又具有前瞻性的改进计划,为商业模式的持续改进提供有力支撑。

（三）实施改进措施

在实施改进措施时,企业需要采用敏捷方法,快速响应市场变化,及时调整和迭代改进方案。敏捷方法强调灵活性和适应性,能够帮助企业迅速应对市场中的不确定性和变化。在实施过程中,企业要注重与客户的沟通和互动,及时了解客户的需求和反馈,将客户的需求融入改进方案中,提高客户的满意度和忠诚度。同时,企业还要注重内部协作和沟通,确保各部门之间的信息畅通无阻,形成合力推进改进工作的实施。此外,企业还要建立有效的监测和评估机制,对改进效果进行实时跟踪和评估,及时发现问题并进行调整。通过这样的实施方式,企业可以确保改进措施能够迅速响应市场变化,不断优化和完善商业模式,提高企业的竞争力和市场适应能力。在实施改进措施的过程中,企业还要注重培养员工的创新意识和能力。员工是企业最宝贵的资源,他们的创新意识和能力直接关系到企业的创新能力和竞争力。因此,企业要通过培训、激励等方式,激发员工的创新热情,增强他们的创新意识和能力。同时,企业还要建立开放、包容的企业文化,鼓励员工提出新的想法和建议,为企业的持续改进注入源源不断的动力。通过这样的方式,企业可以形成全员参与改进的良好氛围,推动商业模式的持续改进和创新发展。

二、商业模式持续改进的关键措施

(一)建立数字化基础设施,支撑商业模式改进

在数字经济时代,数字化基础设施已成为企业商业模式改进的重要支撑。为了顺应这一趋势,企业必须加大投入,构建高效、稳定的数字化平台。这一平台应集成大数据分析、云计算、人工智能等先进技术,为企业的运营决策提供数据支持。通过数字化基础设施的建设,企业能够实现业务流程的自动化和智能化,提高工作效率,降低运营成本。同时,数字化平台还能为企业提供全新的交互方式,增强与客户的互动,为商业模式创新提供可能。例如,通过数据分析,企业可以精准把握市场需求,开发出更符合消费者期望的产品和服务。此外,云计算和人工智能技术的应用,也能帮助企业实现资源的优化配置,提高响应市场变化的能力。因此,建立数字化基础设施,是企业商业模式持续改进的基石,也是企业在数字经济时代保持竞争力的关键。

(二)创新数字化商业模式,拓展收入来源

在数字经济时代,传统的商业模式已难以满足市场的多样化需求。因此,企业必须积极探索新的商业模式,如平台经济、共享经济等,以适应市场的变化。通过数字化技术的运用,企业可以打破地域和时间的限制,实现资源的全球配置和优化。此外,企业还可以利用数字化技术,开发出新的产品和服务,满足消费者的个性化需求,从而拓展收入来源。创新数字化商业模式,不仅能够帮助企业抓住市场机遇,还能提升企业的核心竞争力,实现可持续发展。

（三）优化客户体验，增强客户黏性

在数字经济时代，为了增强客户黏性，企业必须不断优化客户体验，提升客户服务质量。引入智能客服、自助服务等技术手段，是实现这一目标的有效途径。智能客服能够实现客户服务的自动化和智能化，提高响应速度和解决效率，让客户在遇到问题时能够得到及时、有效的帮助。自助服务能为客户提供更加便捷、高效的服务体验，让客户能够随时随地享受企业的服务。除了技术手段的引入，企业还应关注客户需求的变化，及时调整服务策略，以满足客户的期望。通过优化客户体验，企业能够增强客户黏性，提高客户满意度和忠诚度，从而为企业的长期发展奠定坚实基础。

（四）强化人才支撑，推动数字化转型

数字化转型是企业发展的必然趋势，为了顺应数字经济时代的发展需求，企业必须积极引进具备数字化技能和经验的专业人才。这些人才不仅具备深厚的专业技术知识，还能够带来新的思维和方法，推动企业在数字化转型过程中不断创新和突破。同时，企业还应加强对现有员工的数字化培训，提升员工的数字化素养和技能水平。通过培训，员工能够更好地适应数字化工作环境，掌握先进的数字化工具和技术，为企业的数字化转型提供有力支持。此外，企业还应建立完善的激励机制，吸引和留住数字化人才，为企业的长期发展提供人才保障。强化人才支撑，是推动企业数字化转型的重要举措，也是企业在数字经济时代保持竞争力的关键所在。

第四节　创新风险管理与控制机制建立

一、创新商业模式风险管理的主要方式

（一）建立全面的风险管理体系

1. 构建全面的风险管理体系框架

在数字经济时代，商业模式面临着前所未有的复杂性和多变性，风险管理

因此成为企业持续发展的关键环节。为了有效应对这一挑战,企业必须构建一套全面的风险管理体系框架。风险管理体系的首要任务是明确管理的目标和原则。企业应清晰界定风险管理的长远目标和短期目标,确保风险管理工作与企业战略相契合。同时,确立风险管理的基本原则,如全面性、重要性、制衡性等,为风险管理工作指导方向。组织架构和职责分工是风险管理体系的重要组成部分。企业应设立跨部门的风险管理小组,该小组由来自不同业务领域的专家组成,具备多元化的视角和专业的风险管理知识。小组负责识别、评估、监控和应对商业模式中的各种风险,确保风险管理工作覆盖企业的各个角落。此外,企业还需制定风险管理的策略和流程。策略应明确风险管理的总体方向和重点,流程则应详细规定风险管理的各个环节和操作步骤。通过策略和流程的制定,企业可以确保风险管理工作有序进行,提高风险管理的效率和效果。

2. 规范风险管理制度,确保风险管理有章可循

在建立了全面的风险管理体系框架后,企业需要进一步规范风险管理制度,确保风险管理工作有章可循、有据可依。风险管理制度应涵盖风险管理的各个方面,包括风险识别、风险评估、风险监控和风险应对等。制度应明确规定各个环节的操作标准和流程,确保风险管理工作的一致性和准确性。同时,企业还应加强对风险管理制度的执行和监督。通过设立专门的监督机构或岗位,对风险管理制度的执行情况进行定期检查和评估,及时发现并纠正存在的问题。此外,企业还应注重风险管理制度的更新和完善。随着数字经济时代的不断发展,商业模式和风险也在不断变化。因此,企业需要定期对风险管理制度进行审查和修订,确保其与时俱进,适应新的风险挑战。

(二)运用大数据和人工智能技术进行风险识别与评估

1. 大数据技术助力商业模式风险识别

在数字经济时代,大数据技术为企业商业模式风险管理提供了全新的视角和手段。企业可以通过收集、处理和分析海量数据,深入挖掘其中蕴含的风险信息,及时发现商业模式中的潜在风险。大数据分析能够帮助企业预测市场需求的变化。通过对历史销售数据、市场调研报告等数据的综合分析,企业可以洞察市场趋势,把握消费者需求的变化方向。这种基于数据的预测能力,使企业能够提前调整战略,规避因市场需求变化而带来的风险。同时,大数据分析还能揭示客户行为的模式。通过对客户交易记录、浏览行为等数据的深入挖掘,企业可以了解客户的消费习惯、偏好和变化,从而优化产品设计和服务流程,提高客户满意度,降低客户流失风险。此外,大数据分析还能监测竞争对手的动态。通过对竞争对手的市场份额、产品策略、营销手段等数据的持续跟踪,企业可以及时发现竞争对手的优势和劣势,为自身的竞争策略提供数据支持。

2. 人工智能技术提升风险评估效率与准确性

在数字经济时代,人工智能技术为商业模式风险评估带来了革命性的变化。通过应用人工智能技术,企业可以自动化风险识别过程,提高风险识别的准确性和效率。人工智能技术能够通过对大量历史数据的学习和分析,建立风险识别模型。这种模型能够自动识别数据中的异常模式和潜在风险,为企业提供及时的风险预警。相比传统的人工风险识别方式,人工智能技术能够大大提高识别的准确性和效率。同时,人工智能技术还能对潜在风险进行量化评估。通过对风险事件的多维度数据分析,人工智能可以建立风险评估模型,对风险的大小和可能性进行量化预测。这种量化评估能力使企业能够更加精确地掌握风险状况,为风险决策提供科学依据。

(三)实施灵活的风险应对策略

1. 制定灵活多样的风险应对方案

在数字经济时代,商业模式所面临的风险日益复杂且多变,这要求企业必须具备高度的风险应对能力。为此,企业应制定多种风险应对方案,以应对不同性质和程度的风险。这些方案应涵盖风险规避、风险减轻、风险转移和风险接受等多种策略,确保企业在面对不同风险时能够有章可循、有据可依。在制定风险应对方案时,企业需充分考虑风险的特点和可能带来的影响,选择最为适当的应对策略。例如,对于可预测且影响较大的风险,企业可以采取风险规避策略,通过调整业务模式或市场策略来避免风险的发生;对于无法完全规避的风险,企业则可以采取风险减轻策略,通过加强内部控制、优化流程等方式来降低风险的影响。同时,企业还应加强与外部合作伙伴的沟通与协作,共同应对风险。通过与供应商、客户、行业协会等建立紧密的合作关系,企业可以共享风险信息、协同应对风险,提高整体的风险抵御能力。

2. 建立风险应急响应机制与持续管理

在数字经济时代,风险的突发性和不确定性要求企业必须建立风险应急响应机制,确保在风险发生时能够迅速、有效地应对。这一机制应包括风险预警、应急预案、应急资源调配和应急响应流程等多个环节,确保企业在风险面前能够迅速做出反应,减少损失。同时,企业还应注重风险管理的持续性和动态性。市场环境的变化和企业战略的调整都可能对风险管理策略产生影响,因此企业必须定期对风险管理策略进行评估和调整,确保其与企业的实际情况和市场环境相适应。为了实现这一目标,企业应建立风险管理的长效机制,将风险管理融入企业的日常运营和管理中。通过加强风险监测和预警、完善风险管理制度和流程、加强风险培训和宣传等方式,增强企业的风险意识和风险管理能力,确保企业在数字经济时代能够稳健发展。

二、商业模式风险控制机制的建立

(一)注重专利创新质量的提升

在数字经济时代,专利创新已成为企业商业模式的核心竞争力。而专利的数量并不等同于质量,真正能够为企业带来长期竞争优势的是那些具有高质量、高价值的专利。因此,企业在追求专利数量的同时,更应注重专利创新质量的提升。

要提升专利创新质量,企业需要加大研发投入,引进优秀人才,建立完善的研发体系。同时,企业还应密切关注市场动态和技术发展趋势,确保专利创新与市场需求紧密相连。此外,企业还应加强专利布局,形成完整的专利保护网,防止竞争对手的侵权行为。通过提升专利创新质量,企业可以在激烈的市场竞争中保持领先地位,为商业模式的稳健运行提供有力支撑。企业还应加强对专利的保护和管理,确保专利的合法性和有效性。通过建立完善的专利风险防控机制,企业可以降低专利创新过程中的风险,保障商业模式的可持续发展。另外,企业还应积极利用数字技术手段,提升专利创新的效率和效果。例如,可以利用大数据分析技术,挖掘市场需求和技术趋势,为专利创新提供精准导向。通过数字化手段的应用,企业可以更加高效地推进专利创新,为商业模式的成功奠定坚实基础。

(二)警惕进入壁垒低的行业

在数字经济时代,行业进入壁垒的高低直接影响着商业模式的稳定性和盈利能力。如果商业模式瞄准的是高进入壁垒、低退出壁垒的行业,而自己又有能够进入这一行业的资本,那么这无疑是一个理想的选择。然而,如果进军的领域进入壁垒较低,就需要格外警惕。低进入壁垒意味着行业门槛相对较低,容易吸引更多的企业进驻。一方面,这有利于企业快速进入市场,抓住机遇;另一方面,也可能引来更多的竞争对手,甚至是大型企业进驻,导致细分市场利润被摊薄,甚至被挤出市场。因此,在选择进入的行业时,企业必须充分考虑行业的竞争态势和发展前景。为了保护好自己的领地,企业需要通过商业模式的不可复制性来构建竞争优势。这包括拥有独特的核心技术、品牌优势、渠道资源等。如果商业模式容易被复制,那么企业就必须迅速树立起品牌知名度,进而融钱聚人、整合资源,持续打造品牌势能,以在激烈的市场竞争中脱颖而出。同时,企业还应密切关注市场动态和竞争对手的动态,及时调整商业策略,保持敏锐的市场洞察力。通过不断提升自身的竞争力和适应能力,企业可以在低进入壁垒的行业中立于不败之地。

(三)合理规划资金使用

在数字经济时代,资金的使用并非越多越好,而是需要合理规划,确保每一分钱都能用在刀刃上。因此,企业在制定商业模式时,必须充分考虑资金的使用效率和风险防控。要合理规划资金使用,企业需要建立完善的资金管理体系,明确资金的来源、用途和流向。同时,企业还应根据自身的实际情况和发展需求,制订合理的资金预算和计划,确保资金的使用符合企业的长期发展战略。在资金使用过程中,企业还应注重风险防控。要对资金投资过程中的市场风险、信用风险等进行充分评估,制定相应的风险应对措施。企业还应加强对资金使用的监督和管理,确保资金的合法性和安全性。此外,企业还应积极寻求多元化的融资渠道,降低资金成本,提高资金使用效率。例如,可以通过股权融资、债券融资等方式筹集资金,为商业模式的运行提供充足的资金支持。通过合理规划资金使用,企业可以确保商业模式的稳健运行,为企业的可持续发展奠定坚实基础。

(四)平衡并购风险

在数字经济时代,并购已成为企业快速扩张和提升竞争力的重要手段。因此,企业在进行并购时,必须充分考虑并购风险,并采取相应的措施进行平衡和控制。要平衡并购风险,企业需要对并购目标进行充分的调查,了解其财务状况、经营状况、市场前景等方面的情况。同时,企业还应评估并购目标与自身战略、文化、管理等方面的契合度,确保并购后能够实现协同发展。企业还应加强与并购目标的沟通与协调,确保并购过程的顺利进行。此外,企业还应合理规划并购后的整合策略,确保并购后能够实现资源互补、优势互补,提升整体竞争力。通过平衡并购风险,企业可以在并购过程中保持稳健发展,为商业模式的成功提供有力保障。最后,企业还应积极总结并购经验,不断完善并购风险控制机制,为未来的并购活动提供有益借鉴。

参 考 文 献

［1］李文.数字化转型背景下商业模式创新案例与机制研究［M］.北京:经济科学出版社,2022.

［2］王莉姗,徐磊.数字经济背景下新商科产教融合路径研究［M］.天津:天津大学出版社,2022.

［3］左芊.管理学基础［M］.南京:南京大学出版社,2022.

［4］孙毅.数字经济学［M］.北京:机械工业出版社,2022.

［5］李瑞.数字经济建设与发展研究［M］.北京:中国原子能出版社,2022.

［6］姜琪.数字经济赋能高质量发展的机理分析与实现路径［M］.北京:经济科学出版社,2023.

［7］宋鹏.数字经济赋能我国金融供给侧改革研究［M］.北京:人民出版社,2023.

［8］岳建明.数字化转型 数字经济重塑世界经济［M］.北京:中国纺织出版社有限公司,2023.

［9］吴钰萍.数字经济时代下新媒体营销策略研究［M］.北京:中国书籍出版社,2023.

［10］吴志峰,岳昊江.NFT 与数字经济［M］.北京:中译出版社,2023.

［11］聂玉声.拥抱数字经济:挑战与选择［M］.北京:文化发展出版社,2023.

［12］周之文,周克足.数字经济:国家战略行动路线图［M］.北京:中国经济出版社,2023.

［13］杜晶晶.数字经济背景下内隐性创业机会识别与开发研究［M］.北京:经济管理出版社,2020.

［14］徐磊,王莉姗,李果.数字经济赋能的新商科应用型人才培养模式探索与实践［M］.天津:天津大学出版社,2022.

[15]王文海,董正杰.区块链数字金融:数字经济时代的新引擎[M].北京:化学工业出版社,2022.

[16]邢庆科.算力:数字经济的新引擎[M].北京:北京大学出版社,2022.

[17]戴源,黄卫东.大数据:数字经济时代新要素和新基建之灵魂[M].南京:南京大学出版社,2022.

[18]靳杰.数字经济下的绿色消费:影响因素及促进机制[M].北京:知识产权出版社,2022.

[19]陈琼.数字新经济:数字经济时代的机遇与挑战[M].北京:中国商业出版社,2022.

[20]任保平,师博,钞小静,胡仪元.数字经济学导论[M].北京:科学出版社,2022.

[21]李涛,刘航.数字经济学导论[M].北京:高等教育出版社,2022.

[22]杨琴,张坤,钟荣芸,等.数字经济促进高质量发展:理论、路径与对策[M].成都:西南财经大学出版社,2022.

[23]陆秀芬.数字经济时代企业智能财务的构建与应用研究[M].天津:天津科学技术出版社,2022.

[24]横琴数链数字金融研究院.突围:区块链与数字经济[M].北京:当代世界出版社,2022.

[25]张晓燕,张方明.数实融合:数字经济赋能传统产业转型升级[M].北京:中国经济出版社,2022.

[26]李柳.数字经济理论与实践创新研究[M].北京:中国商业出版社,2022.

[27]段伟常.数字经济分布式治理[M].北京:电子工业出版社,2022.